तेरे बिना

कविता और शायरी

श्रीराज मेनन

Made with ♥ on the Notion Press Platform
www.notionpress.com

क्रम-सूची

क्रम-सूची

क्रम-सूची

क्रम-सूची

भूमिका

पुस्तक में लेखक द्वारा लिखित हिंदी कविताएँ और शायरी शामिल हैं। इसमें कविताएं, शायरी और प्रेरणादायक उद्धरण शामिल हैं।

इस पुस्तक में लेखक द्वारा लिखी गई कुछ कविताएँ और शायरियाँ हैं जो प्रेम, प्रकृति और जीवन के सामान्य दैनिक पहलुओं पर आधारित हैं। कुछ प्रेरक प्रसंग भी हैं। प्यार में पाया गया प्यार, खोया हुआ प्यार और फिर से जगा हुआ प्यार शामिल है। इसी तरह, प्रकृति में प्रकृति का महत्व है और लोग बिना किसी दुष्प्रभाव के प्रकृति का अपने फायदे के लिए दुरुपयोग करते हैं। सामान्य में जीवन के सामान्य पहलू होते हैं जो लोगों और परिवेश के साथ चलते हैं।

पावती (स्वीकृति)

मैं अपने उन दोस्तों को धन्यवाद देना चाहता हूं जिन्होंने मुझे कविताएं और शायरी लिखने के लिए प्रेरित किया, जिसे मैं कहता था और भूल जाता था। मैं Your Quote प्लेटफॉर्म और उसके सभी सदस्यों और समूहों को भी धन्यवाद देना चाहता हूं जिन्होंने मुझे अनुमति दी और मुझे इसके मंच पर अपनी सामग्री लिखने के लिए प्रेरित किया। मैं नोशन प्रेस और उसके सभी सदस्यों को भी धन्यवाद देना चाहता हूं जिन्होंने मुझे अपनी सामग्री को अपने मंच और समय-समय पर मार्गदर्शन के माध्यम से प्रकाशित करने की अनुमति दी, जो उन्होंने मुझे मेरी त्रुटियों को ठीक करने के लिए दिया।

1. बाहों में भर लूँ तुझे

आ बाहों में भर लूँ तुझें जन्नत का सैर करा दूँ
यूँ ही रहना मेरे संग उल्फ़त में तेरे साथ रह लूँ

कितना चाहता है ये दिल तेरे मोहब्बत को सनम
और इस चाहत में मेरी ज़िन्दगी तेरे नाम कर दूँ

— Raj

2. रख दो मेरे होंठों पर

रख दो मेरे होंठों पर होंठ अपने
आ जाओ बाहों में और रख दो मेरे होंठों पर होंठ अपने
इज़हार-ए-मोहब्बत कर यूँ ही चक लो रस मोहब्बत के

3. दूर कहीं

दूर कहीं
आसमाँ में,
झिलमिलाती है इक और ज़मीं
अपने प्रेम
से भरकर,
भेजती है इक किरणों की नमी
भर जाता है
मोहब्बत में
अपनी हद्यों में इश्क़ की कमी

— Raj

4. आत्मविश्वास मत खोना

5. ऐ इश्क़ हमें भी

ऐ इश्क़ हमें भी देख ज़रा

ऐ इश्क़ हमें भी देख ज़रा
मोहब्बत को तरसे है बड़ा

हम भी दीवाने है इश्क़ के
कब से खड़ा है मैं राह में

अब और न तरसाना मुझें
जल्दी आ जाओ बाहीं में

— Raj

6. कितना अच्छा है

कितना अच्छा है तेरी आँखों का कत्थई रंग

ऐसा लगाता है जैसा पिया है मैंने कोई भंग
जिस से लगता है नशें में चूर हो मेरा हर अंग

नही रह पाउँगा अब तन्हाई में होकर मैं तंग
बस चाहता हूँ मैं सिर्फ़ हर पल तेरा ही संग

जब रहती हो तुम साथ मेरे ज़ेहन में भरें उमंग
अपनी चाहत देखकर ये लोग भी हो जाए दंग

कितना अच्छा है तेरी आँखों का कत्थई रंग
देखकर उमड़ रहा है मेरे ये तन-मन में दबंग

मिल न पाये यहाँ किसी को भी कोई सुरंग
छीन कर ना ले जाए तुझें ऐसा हो कोई प्रबंध

— Raj

7. अनजान राह

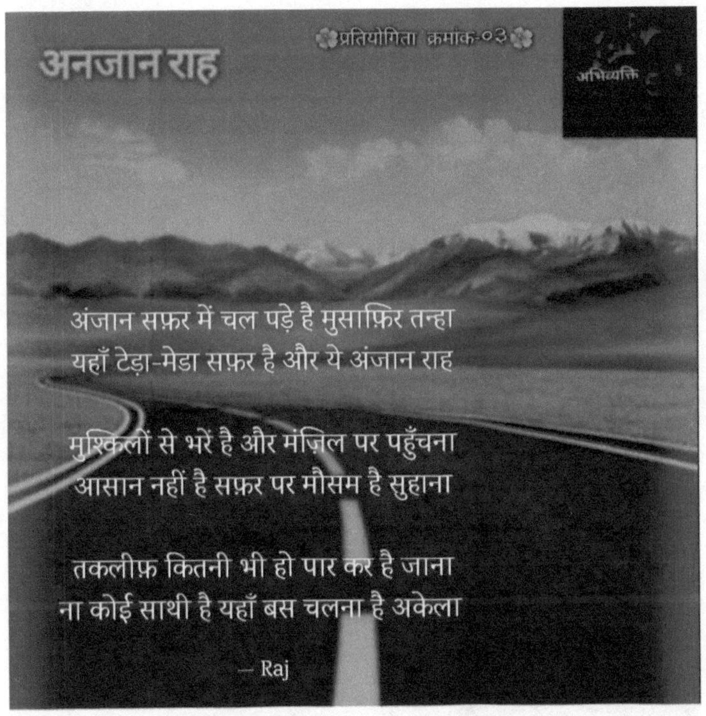

अनजान राह
प्रतियोगिता क्रमांक-०३
अभिव्यक्ति
अंजान सफ़र में चल पड़े है मुसाफ़िर तन्हा
यहाँ टेड़ा-मेडा सफ़र है और ये अंजान राह

मुश्किलों से भरें है और मंजिल पर पहुँचना
आसान नहीं है सफ़र पर मौसम है सुहाना

तकलीफ़ कितनी भी हो पार कर है जाना
ना कोई साथी है यहाँ बस चलना है अकेला

— Raj

8. बिखरी-बिखरी जुल्फें तेरी

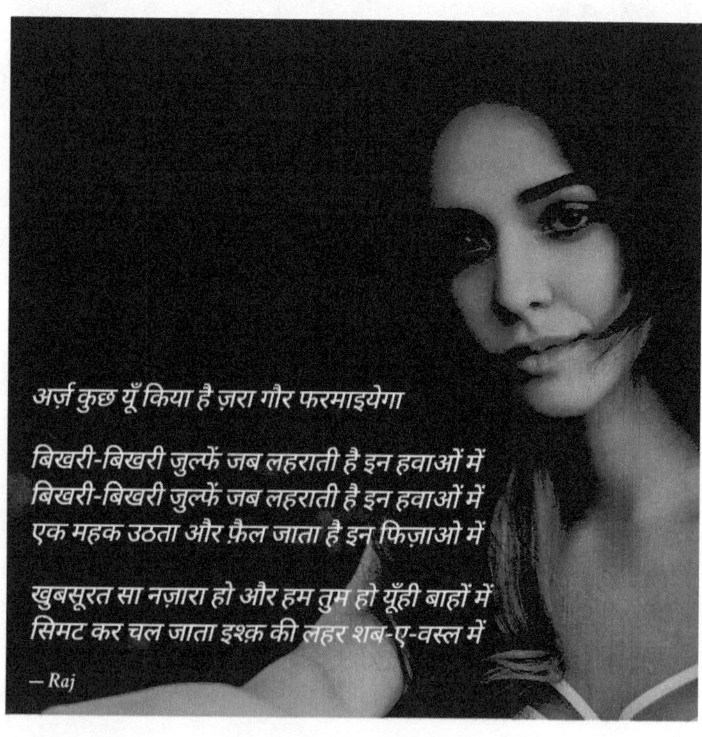

9. बोसा-ए-लब

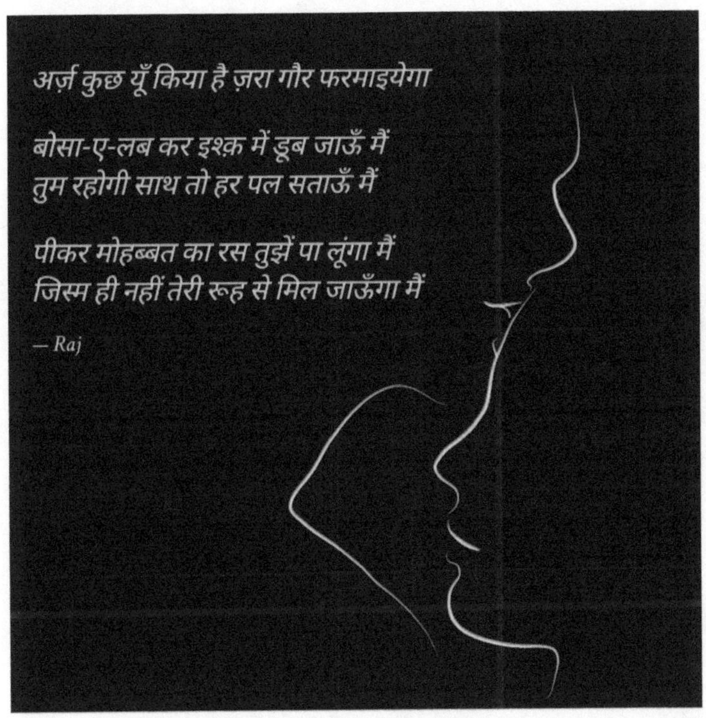

अर्ज़ कुछ यूँ किया है ज़रा गौर फरमाइयेगा

बोसा-ए-लब कर इश्क़ में डूब जाऊँ मैं
तुम रहोगी साथ तो हर पल सताऊँ मैं

पीकर मोहब्बत का रस तुझें पा लूंगा मैं
जिस्म ही नहीं तेरी रूह से मिल जाऊँगा मैं

— Raj

10. हम रहे ना रहे

अर्ज़ कुछ यूँ किया है ज़रा गौर फरमाइयेगा

हम रहे ना रहे यहाँ रह जाता है निशानियाँ
कोई बने ना बने यहाँ बन जाता है कहानियाँ

बस अपना कर्म करके भूल जाओ परेशानियाँ
होना है वो होकर रहेगा बीता लो हँसके जिंदगानियाँ

— Raj

11. कमी नहीं चुड़ैलों की

अर्ज़ कुछ यूँ किया है ज़रा गौर फरमाइयेगा

कमी नहीं है चुड़ैलों की इस दुनिया में
कमी नहीं है चुड़ैलों की इस दुनिया में
एक गई तो दूसरी अपने आप टपक पड़ती है

मंत्र-तंत्र से लोगों को फसाती रहती है
और लोग खुद-ब-खुद इस जाल में फस जाते है

— Raj

12. राह-ए-मंज़िल

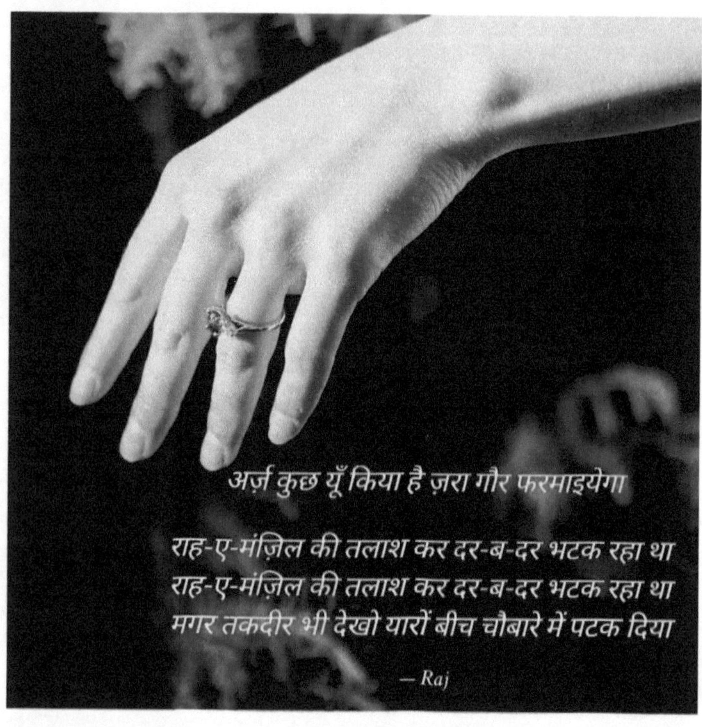

अर्ज़ कुछ यूँ किया है ज़रा गौर फरमाइयेगा

राह-ए-मंज़िल की तलाश कर दर-ब-दर भटक रहा था
राह-ए-मंज़िल की तलाश कर दर-ब-दर भटक रहा था
मगर तकदीर भी देखो यारों बीच चौबारे में पटक दिया

— Raj

13. सफ़र है ये तन्हाई का

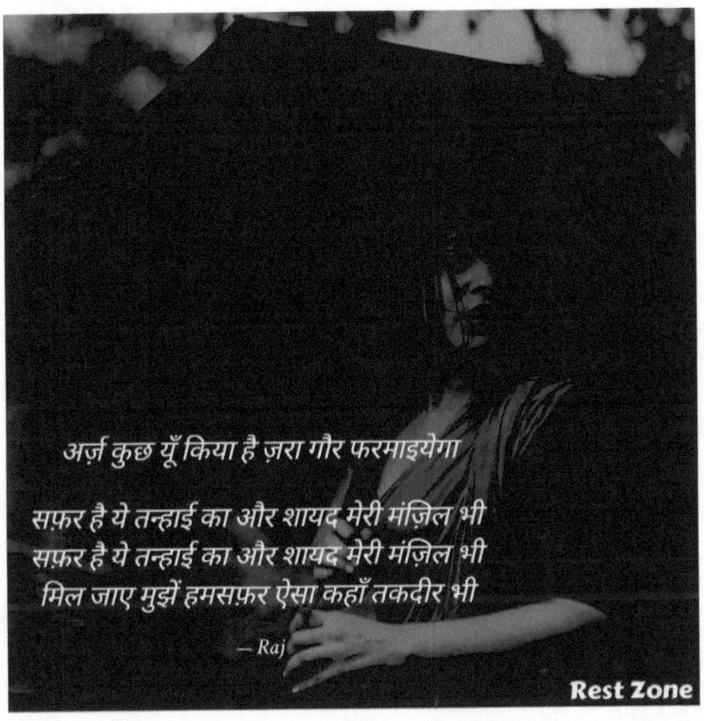

14. ये फूल नहीं है

अर्ज़ कुछ यूँ किया है ज़रा गौर फरमाइयेगा

ये फूल नहीं है गुलाब का, ये मेरा दिल है
ज़रा संभालकर रकना, कहीं बिकर न जाए

– Raj

15. ये वादियाँ ये हवाए

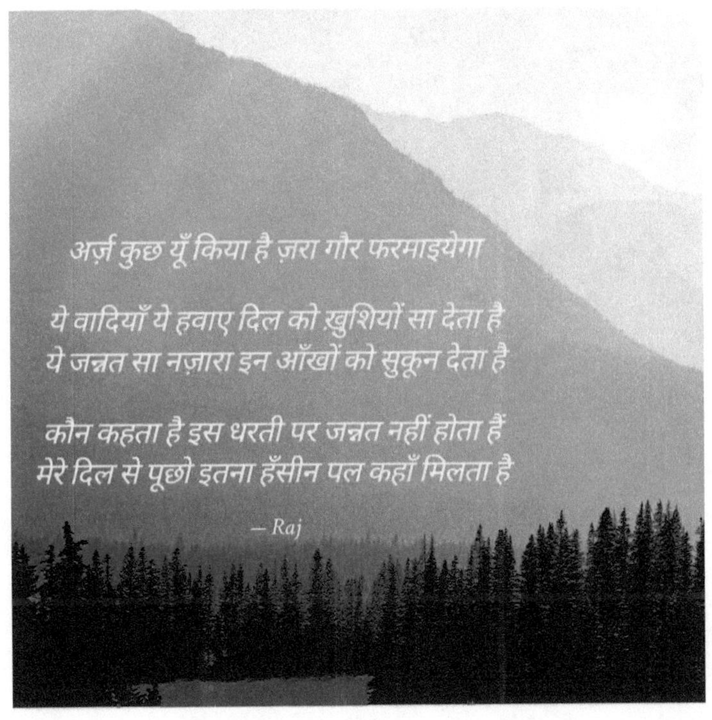

अर्ज़ कुछ यूँ किया है ज़रा गौर फरमाइयेगा

ये वादियाँ ये हवाए दिल को खुशियों सा देता है
ये जन्नत सा नज़ारा इन आँखों को सुकून देता है

कौन कहता है इस धरती पर जन्नत नहीं होता हैं
मेरे दिल से पूछो इतना हँसीन पल कहाँ मिलता है

— Raj

16. ज़िन्दगी की दौड़ में

अर्ज़ कुछ यूँ किया है ज़रा गौर फरमाइयेगा

ज़िन्दगी की दौड़ में कभी हार है तो कभी जीत
ज़िन्दगी की दौड़ में कभी हार है तो कभी जीत
अब देखना ये है कब मिलेगा मुझें कोई मीत

दौड़ती है दुनिया यहाँ धन-दौलत की चाहत में
दौड़ती है दुनिया यहाँ धन-दौलत की चाहत में
अब देखना ये है कौन बनेगा इस कंगाल की प्रीत

—Raj

17. ज़िन्दगी वो कैद है

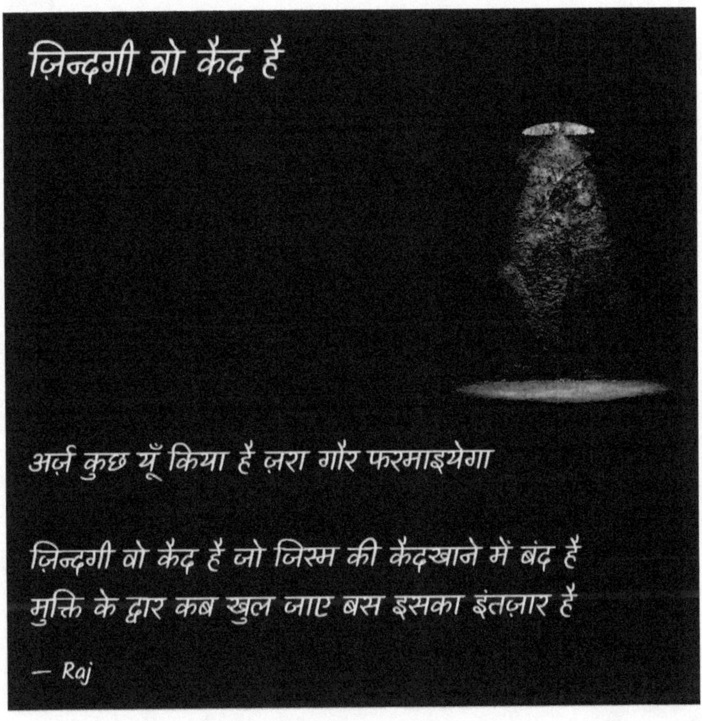

ज़िन्दगी वो कैद है

अर्ज़ कुछ यूँ किया है ज़रा गौर फरमाइयेगा

ज़िन्दगी वो कैद है जो जिस्म की कैदखाने में बंद है
मुक्ति के द्वार कब खुल जाए बस इसका इंतज़ार है

— Raj

18. हम नहीं बदले

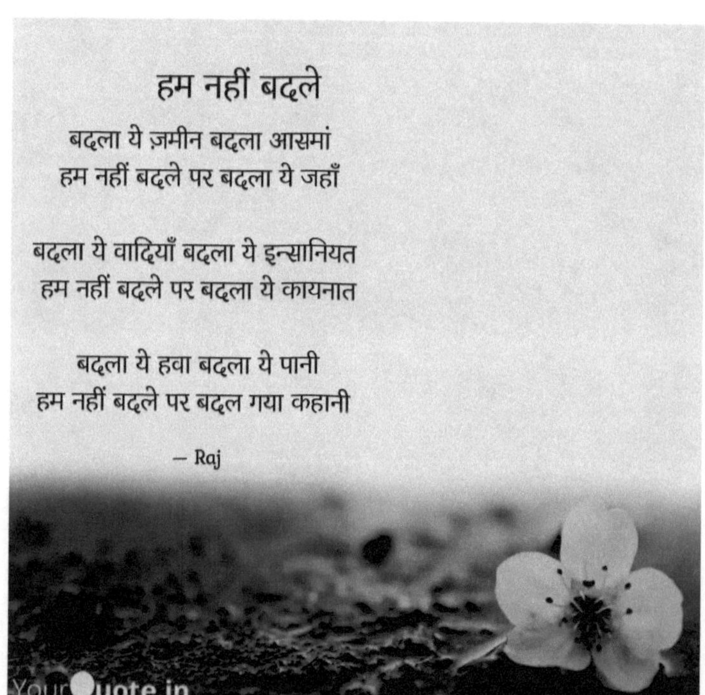

हम नहीं बदले

बदला ये ज़मीन बदला आसमां
हम नहीं बदले पर बदला ये जहाँ

बदला ये वादियाँ बदला ये इन्सानियत
हम नहीं बदले पर बदला ये कायनात

बदला ये हवा बदला ये पानी
हम नहीं बदले पर बदल गया कहानी

— Raj

YourQuote.in

19. इश्क़ वाली गली

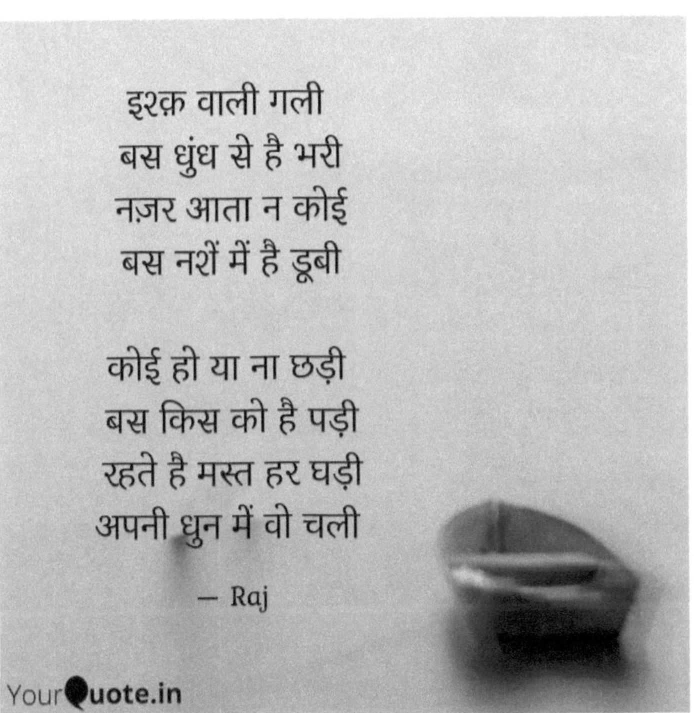

इश्क़ वाली गली
बस धुंध से है भरी
नज़र आता न कोई
बस नशें में है डूबी

कोई हो या ना छड़ी
बस किस को है पड़ी
रहते है मस्त हर घड़ी
अपनी धुन में वो चली

— Raj

YourQuote.in

20. ख्वाब तुम्हारे

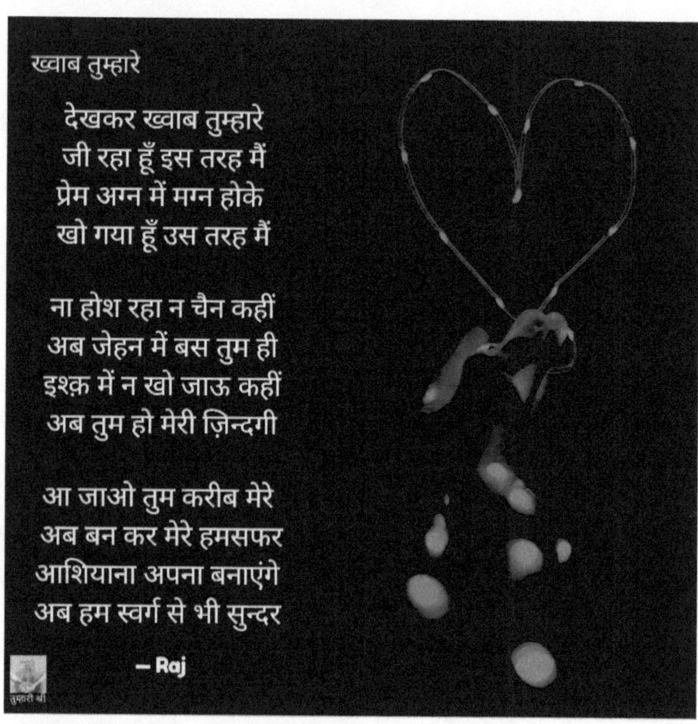

ख्वाब तुम्हारे

देखकर ख्वाब तुम्हारे
जी रहा हूँ इस तरह मैं
प्रेम अग्न में मग्न होके
खो गया हूँ उस तरह मैं

ना होश रहा न चैन कहीं
अब जेहन में बस तुम ही
इश्क़ में न खो जाऊ कहीं
अब तुम हो मेरी ज़िन्दगी

आ जाओ तुम करीब मेरे
अब बन कर मेरे हमसफर
आशियाना अपना बनाएंगे
अब हम स्वर्ग से भी सुन्दर

– Raj

21. दिल का द्वार

22. कम होती ही नही

कम होती ही नही धूप तेरे विरह की

दिन-ओ-रात यूँही बेचैन रहता गया
सताता रहा ये याद अपने मिलन की

कण-कण दर्द में डूबा रहता रह गया
जब भी याद करूँ वो मंज़र जुदाई की

भटकता रहा हूँ मैं हर डगर तलाश में
कही मिला नही तिनका भर छाव की

बस बढता गया गर्मी तन-बदन में मेरा
कम होती ही नही धुप तेरे विरह की

चाहता हूँ साथ हर पल इस जन्म में
एक नज़र तरसा हूँ बस मुलाक़ात की

— Raj

23. गिर रहे पत्ते को देखकर

24. कितना सुन्दर लगे

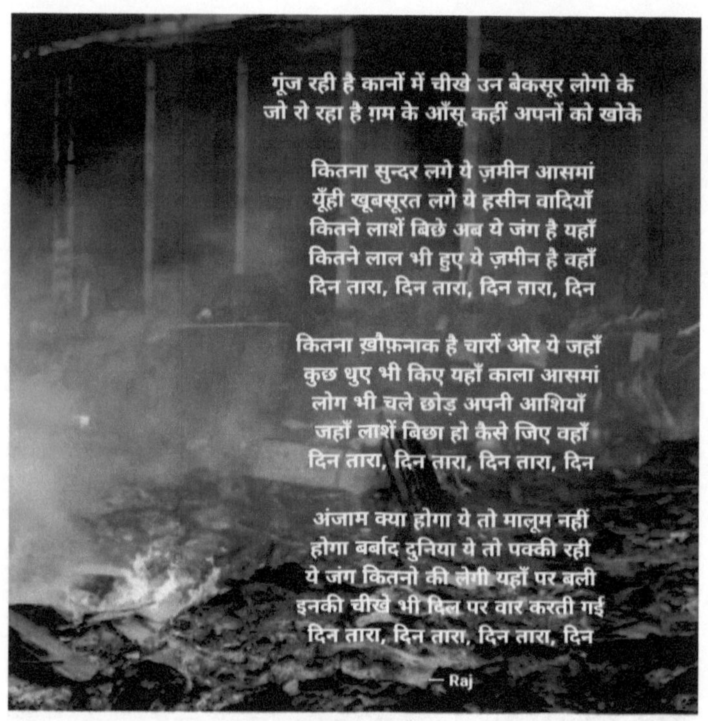

25. यूँ बिखेर गया वो

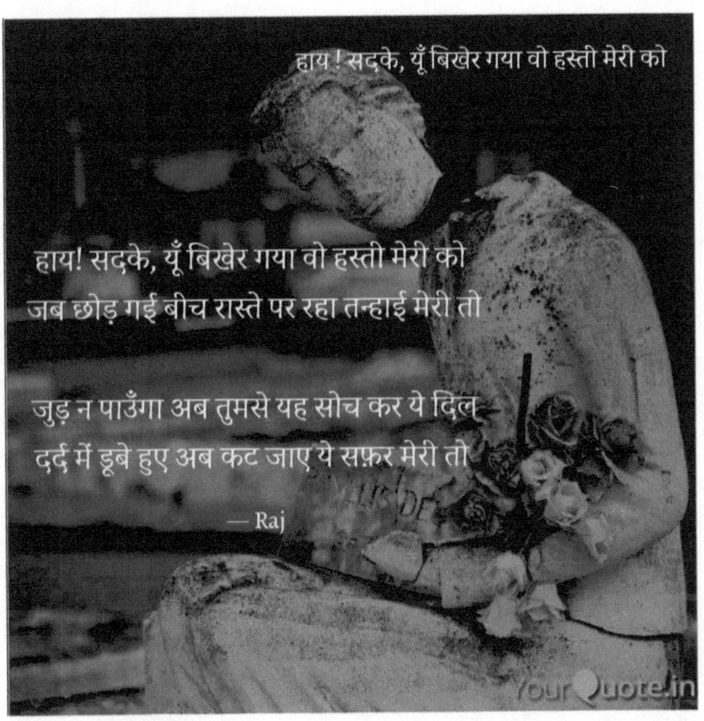

हाय ! सदक़े, यूँ बिखेर गया वो हस्ती मेरी को

हाय! सदक़े, यूँ बिखेर गया वो हस्ती मेरी को
जब छोड़ गई बीच रास्ते पर रहा तन्हाई मेरी तो

जुड़ न पाउँगा अब तुमसे यह सोच कर ये दिल
दर्द में डूबे हुए अब कट जाए ये सफ़र मेरी तो

— Raj

26. दुश्वारी - कठिनता

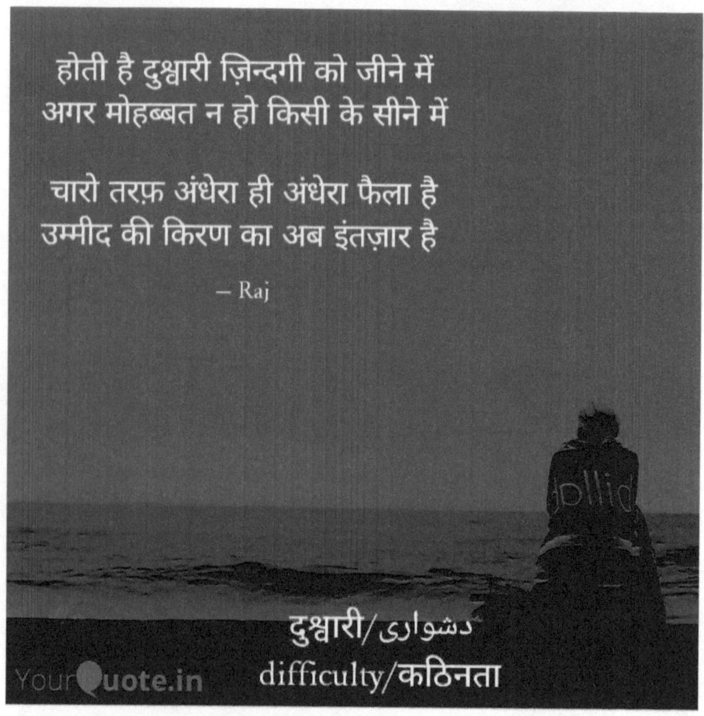

होती है दुश्वारी ज़िन्दगी को जीने में
अगर मोहब्बत न हो किसी के सीने में

चारो तरफ़ अंधेरा ही अंधेरा फैला है
उम्मीद की किरण का अब इंतज़ार है

– Raj

दुश्वारी/دشواری
difficulty/कठिनता
YourQuote.in

27. हथेलियाँ जब भी मिली

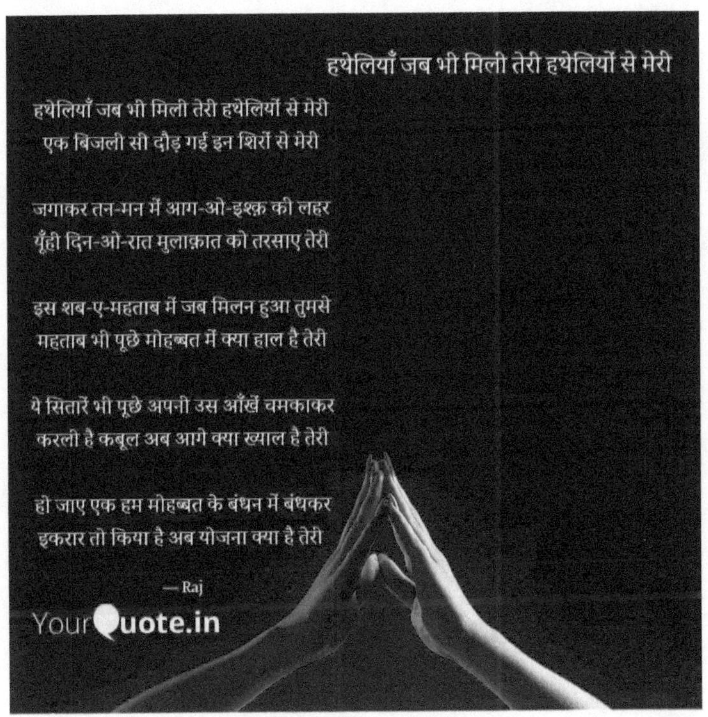

28. मंज़िल ने पुकारा

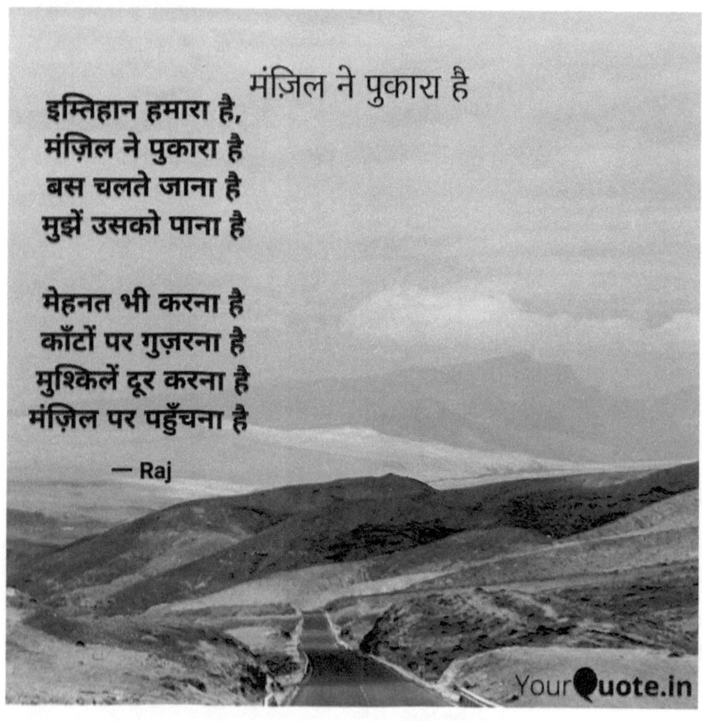

मंज़िल ने पुकारा है
इम्तिहान हमारा है,
मंज़िल ने पुकारा है
बस चलते जाना है
मुझें उसको पाना है

मेहनत भी करना है
काँटों पर गुज़रना है
मुश्किलें दूर करना है
मंज़िल पर पहुँचना है

— Raj

29. इंतज़ार

इंतज़ार

इंतज़ार-ए-मंज़िल हर किसी को आज भी है
क्या पता कब मिलेगा मंज़िल जब राह पर है

सुनी सी डगर और ख़ामोश है यहाँ पर हर राहें
मज़ा तब आएगा जब मुलाक़ात हो और हो बातें

— Raj

30. नयनों की भाषा

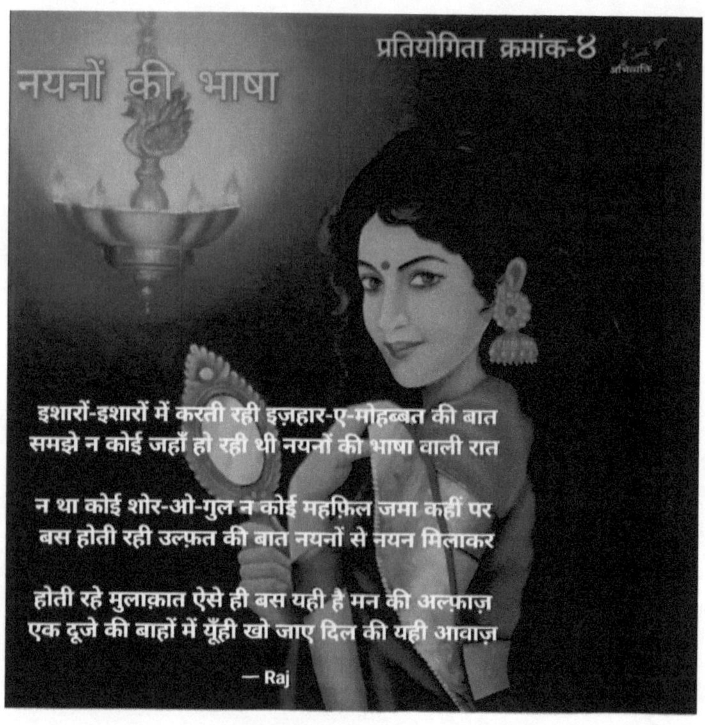

नयनों की भाषा
प्रतियोगिता क्रमांक-४
इशारों-इशारों में करती रही इज़हार-ए-मोहब्बत की बात
समझे न कोई जहाँ हो रही थी नयनों की भाषा वाली रात

न था कोई शोर-ओ-गुल न कोई महफ़िल जमा कहीं पर
बस होती रही उल्फ़त की बात नयनों से नयन मिलाकर

होती रहे मुलाक़ात ऐसे ही बस यही है मन की अल्फ़ाज़
एक दूजे की बाहों में यूँही खो जाए दिल की यही आवाज़

— Raj

31. जब भी उसकी याद

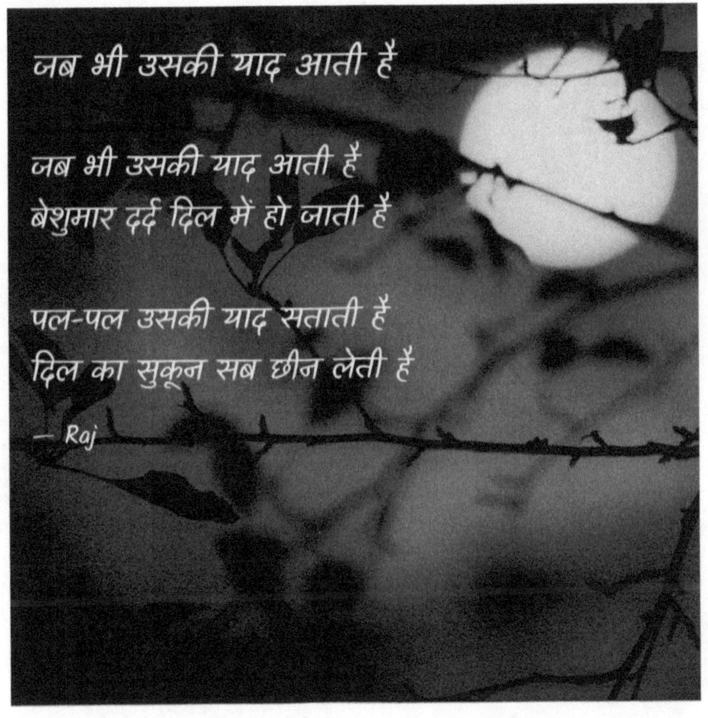

जब भी उसकी याद आती है

जब भी उसकी याद आती है
बेशुमार दर्द दिल में हो जाती है

पल-पल उसकी याद सताती है
दिल का सुकून सब छीन लेती है
— Raj

32. दुनिया से शिकायत

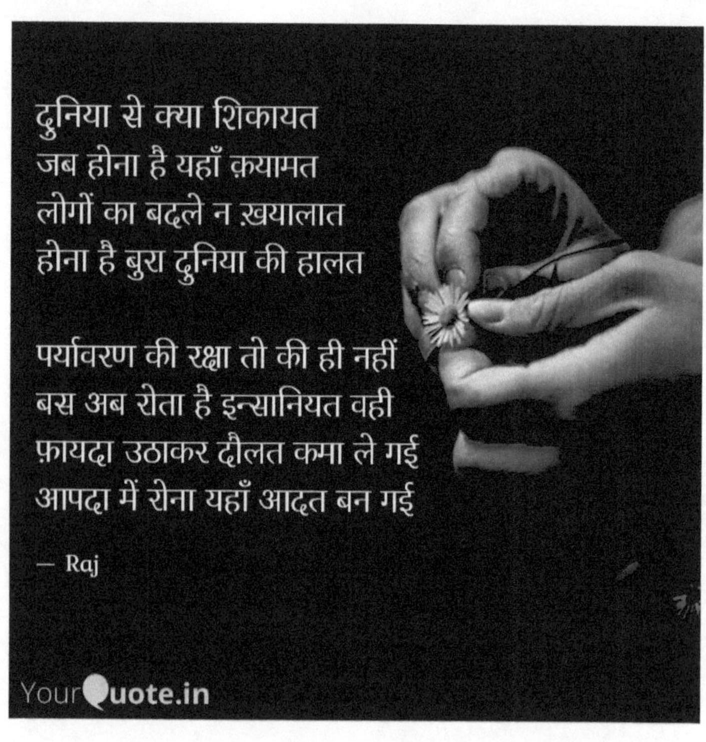

दुनिया से क्या शिकायत
जब होना है यहाँ क़यामत
लोगों का बदले न ख़यालात
होना है बुरा दुनिया की हालत

पर्यावरण की रक्षा तो की ही नहीं
बस अब रोता है इन्सानियत वही
फ़ायदा उठाकर दौलत कमा ले गई
आपदा में रोना यहाँ आदत बन गई

— Raj

Your Quote.in

33. जब इश्क़ की हवा..

जब इश्क़ की हवा चलती है

जब इश्क़ की हवा चलती है
दिल में हज़ार घंटी बजती है

हर मौसम सुहाना लगती है
सब कुछ बेगाना लगती है

होश बिलकुल नहीं रहती है
बस ख़्यालों में डूबे रहती है

मुलाक़ात की राह में रहती है
घड़ी पर नज़र लगाई रहती है

— Raj

34. त्याग कर देना अच्छा

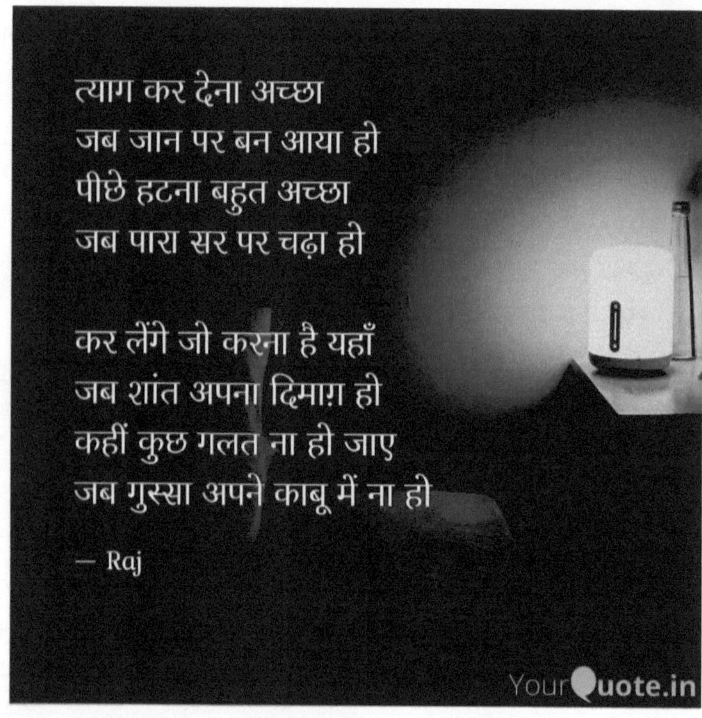

35. जब मंज़िल पता हो

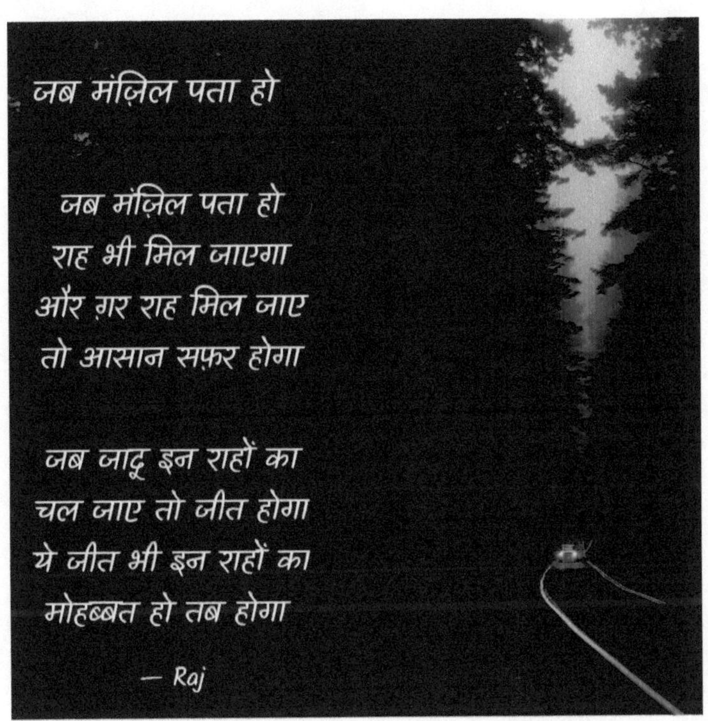
जब मंज़िल पता हो

जब मंज़िल पता हो
राह भी मिल जाएगा
और ग़र राह मिल जाए
तो आसान सफ़र होगा

जब जादू इन राहों का
चल जाए तो जीत होगा
ये जीत भी इन राहों का
मोहब्बत हो तब होगा

— Raj

36. फूँक फूँक कर क़दम

फूँक फूँक कर क़दम बढ़ाना
काँटों से भरा है यह ज़माना
संभल कर यहाँ आगे चलना
कहीं भरना न पड़े जुर्माना

लोगों का भी नियत ठीक नहीं
फस न जाए तुम यहाँ कहीं
सोचकर चलना बस तुम वहीं
जहाँ पर दिखे तुम्हें रास्ता सही

— Raj

37. कभी कम है कभी ज़्यादा

कभी कम है कभी ज़्यादा
कभी पूरा है कभी आधा
चलता रहा ये सिलसिला
मोहब्बत में क्यों थे हम फ़िदा

कभी ग़म है कभी ख़ुशी
कभी दुःख है कभी सुःखी
मौसम भी यूँ बदलता रहा
मोहब्बत में क्यों थे हम फ़िदा

38. ख़्वाब आँखों में

ख़्वाब आँखों में चुभते बहुत है
ये दिल मेरा दर्द में रोते बहुत है

जो कुछ भी देखा पुरे नही होते
सोचकर बेहाल ज़हन भी होते

इस दिल में बसाया था मैं तुमको
छोड़के चलदी तन्हा कर मुझको

इकरार कर इश्क़ बहुत बहलाया
बीच राह छोड़ उतना ही रुलाया

अब न चाहूँगा मैं कभी किसी को
तन्हाई में दिखता है जन्नत मुझको

— Raj

39. एक निवाला

एक निवाला तेरी मोहब्बत वाला

खिला दें मुझको अपनी हाथों से
एक निवाला तेरी मोहब्बत वाला

पिला दें मुझको अपनी नज़रों से
एक प्याला तेरी जाम-ए-निगाह वाला

सुना दें मुझको अपनी जुबान से
एक संगीत तेरी ये उल्फ़त वाला

सुंगा दें मुझको अपनी जुल्फ़ों से
एक महक तेरी मन लुभाने वाला

जगा दें एह्सास अपनी इश्क़ से
एक वार तेरी तीर-ए-नज़र वाला

— Raj

40. इश्क़ वो गुलाब

इश्क़ वो गुलाब है

कहता इश्क़ वो गुलाब है
खिलते ही मुर्झा जाते हैं
बेशुमार दर्द वो दें जाते हैं
तड़पने को छोड़ जाते हैं

सच्चा इश्क़ मिलता है कहाँ
इस मतलब भरी दुनिया में
और अगर किसी को मिला
तोलता रहा पैसों की तराजू में

— Raj

41. कहते है लोग

कहते है लोग की मोहब्बत कर
पर वो क्या जाने दिल का क्या होता है दर्द

जो जिस पर गुज़र रहा है बस वो ही जाने
चलें हैं लोग वैलेंटाइन डे मानाने

— Raj

42. सब्र का फल

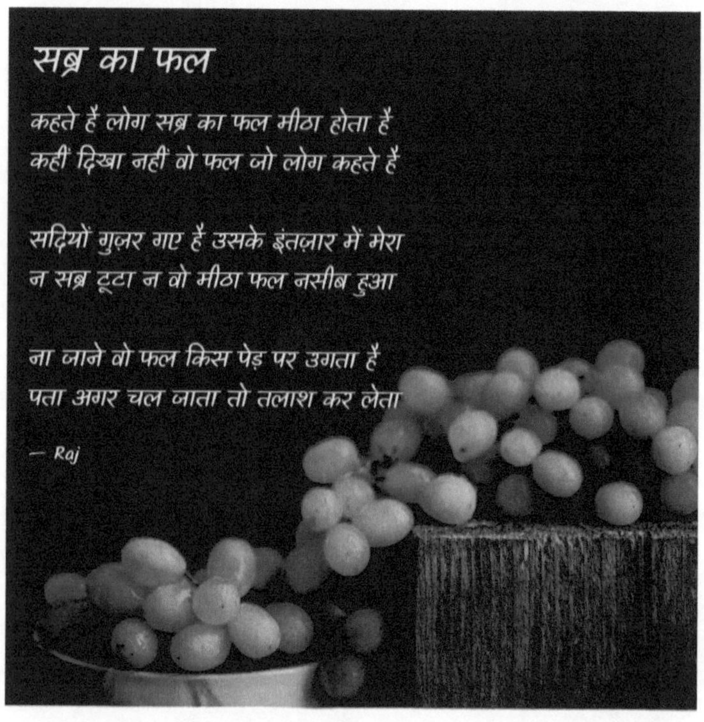

सब्र का फल

कहते हैं लोग सब्र का फल मीठा होता है
कहीं दिखा नहीं वो फल जो लोग कहते है

सदियों गुज़र गए है उसके इंतज़ार में मेरा
न सब्र टूटा न वो मीठा फल नसीब हुआ

ना जाने वो फल किस पेड़ पर उगता है
पता अगर चल जाता तो तलाश कर लेता

— Raj

43. खुले आसमाँ के तले

खुले आसमाँ के तले

खुले आसमाँ के तले
देखिए ज़िन्दगी के सिलसिले
जहाँ उल्फ़त-ए-इश्क़ फ़ले
लगकर एक दूजे के गले

जहाँ ढेर सारा मोहब्बत बरसे
एक दूजे से मिलन की तरसे
जहाँ पर फूल ही फूल खिले
उस आंगन में जब वो मिले

— Raj

Your Quote.in

44. जन्नत का द्वार

खुल जाता है जब जन्नत का द्वार
दिल में हो ही जाता कहीं सवाल

क्या इसी का नाम जन्नत है जनाब
कभी देखा नहीं खूबसूरत मक़ाम

आँखों को जो नज़ारा छूकर गुज़रे
दिल को सुकून दें जाता है वो नज़ारे
— Raj

45. समय तो लगेगा

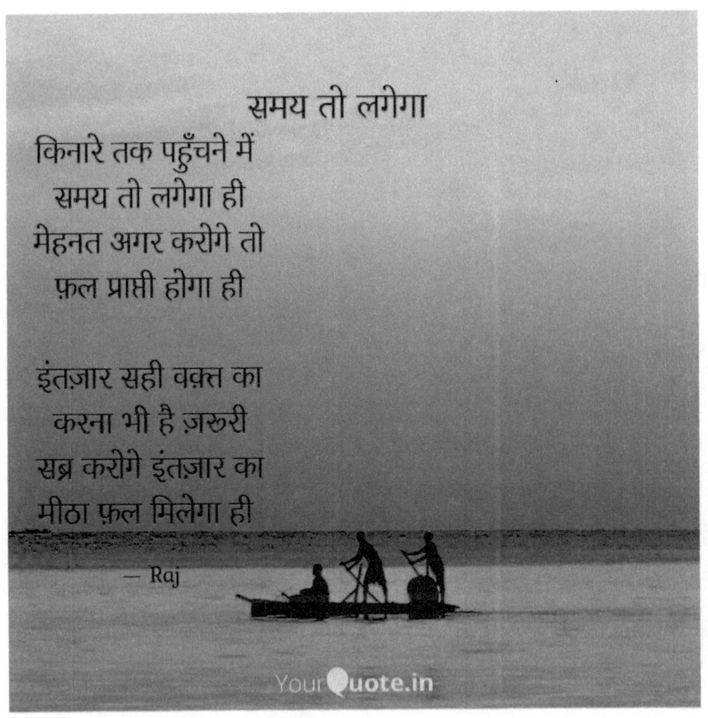

समय तो लगेगा
किनारे तक पहुँचने में
समय तो लगेगा ही
मेहनत अगर करोगे तो
फ़ल प्राप्ती होगा ही

इंतज़ार सही वक़्त का
करना भी है ज़रुरी
सब्र करोगे इंतज़ार का
मीठा फ़ल मिलेगा ही

— Raj

46. काव्य कलम

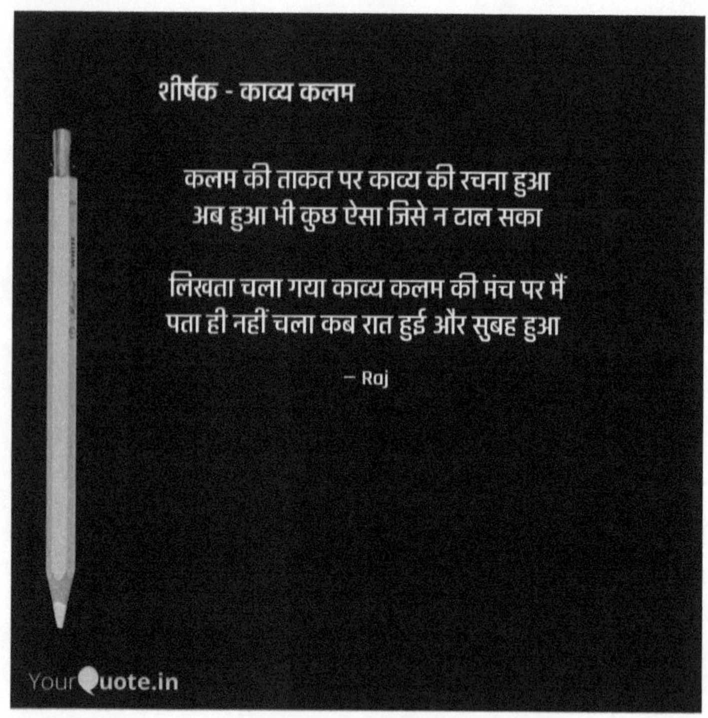

शीर्षक - काव्य कलम

कलम की ताकत पर काव्य की रचना हुआ
अब हुआ भी कुछ ऐसा जिसे न टाल सका

लिखता चला गया काव्य कलम की मंच पर मैं
पता ही नहीं चला कब रात हुई और सुबह हुआ

— Raj

YourQuote.in

47. करता रहा मोहब्बत

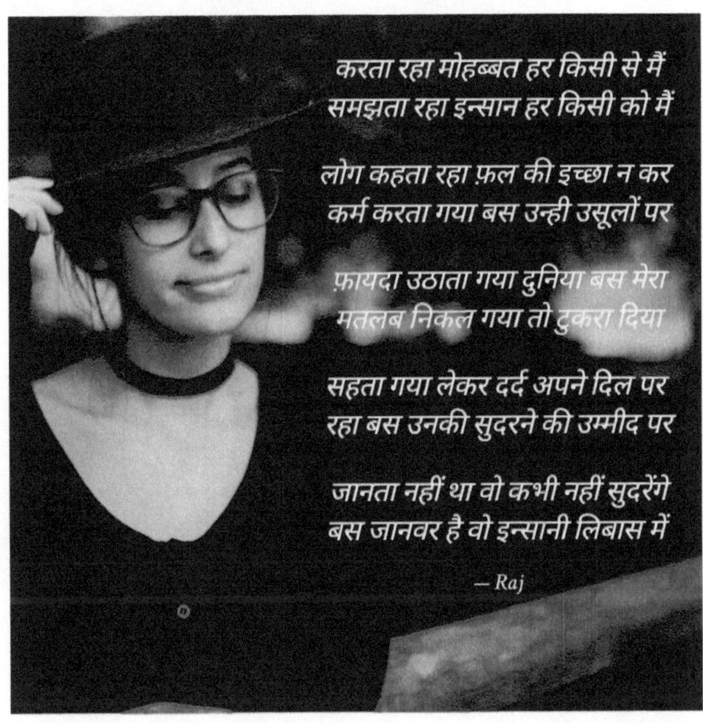

48. कश्तियाँ डूबती है

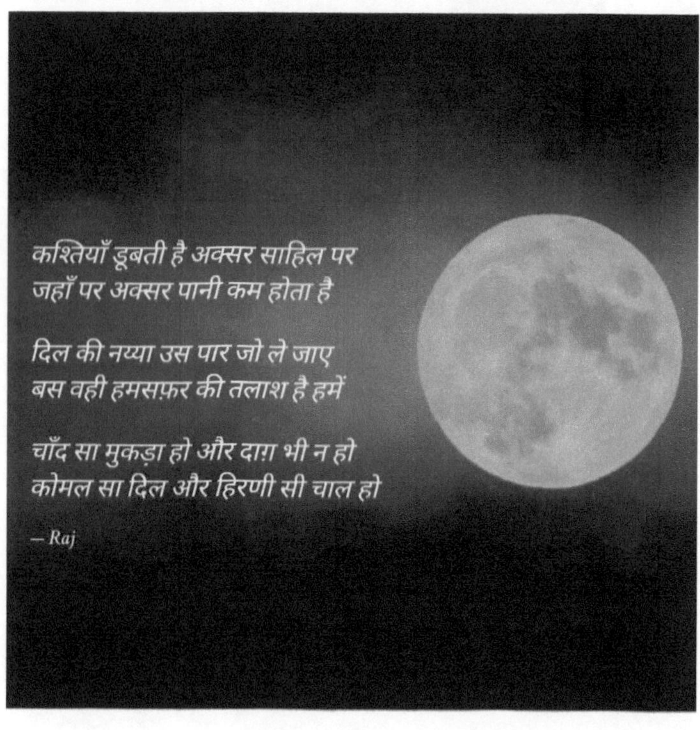

कश्तियाँ डूबती है अक्सर साहिल पर
जहाँ पर अक्सर पानी कम होता है

दिल की नय्या उस पार जो ले जाए
बस वही हमसफ़र की तलाश है हमें

चाँद सा मुकड़ा हो और दाग़ भी न हो
कोमल सा दिल और हिरणी सी चाल हो

— Raj

49. ख़त

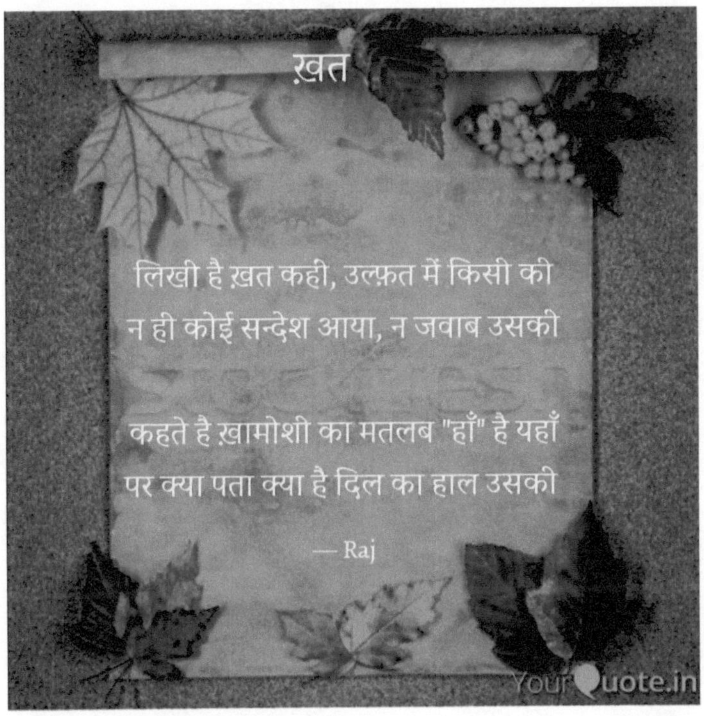

ख़त

लिखी है ख़त कही, उल्फ़त में किसी की
न ही कोई सन्देश आया, न जवाब उसकी

कहते है ख़ामोशी का मतलब "हाँ" है यहाँ
पर क्या पता क्या है दिल का हाल उसकी

— Raj

50. मात खा गए आख़िर

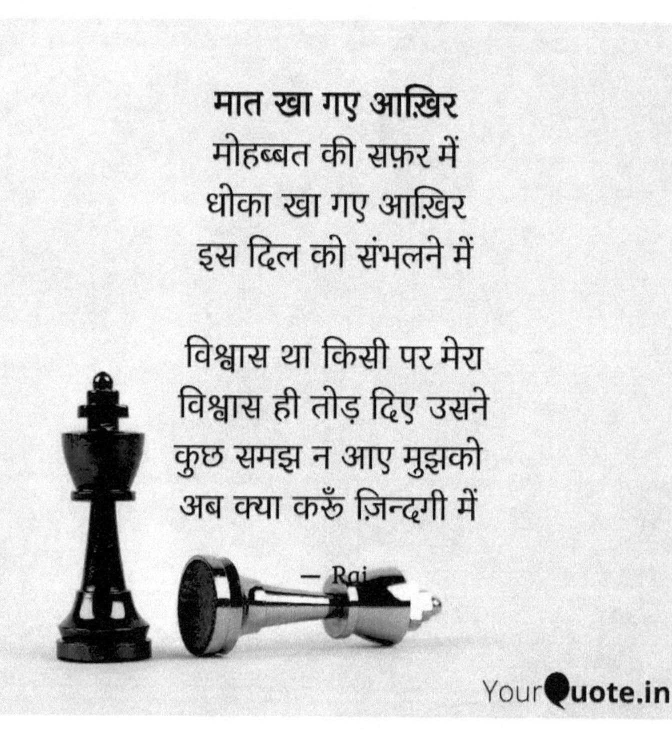

मात खा गए आख़िर
मोहब्बत की सफ़र में
धोका खा गए आख़िर
इस दिल को संभलने में

विश्वास था किसी पर मेरा
विश्वास ही तोड़ दिए उसने
कुछ समझ न आए मुझको
अब क्या करूँ ज़िन्दगी में

— Raj
YourQuote.in

51. मौसम भी बेमिसाल

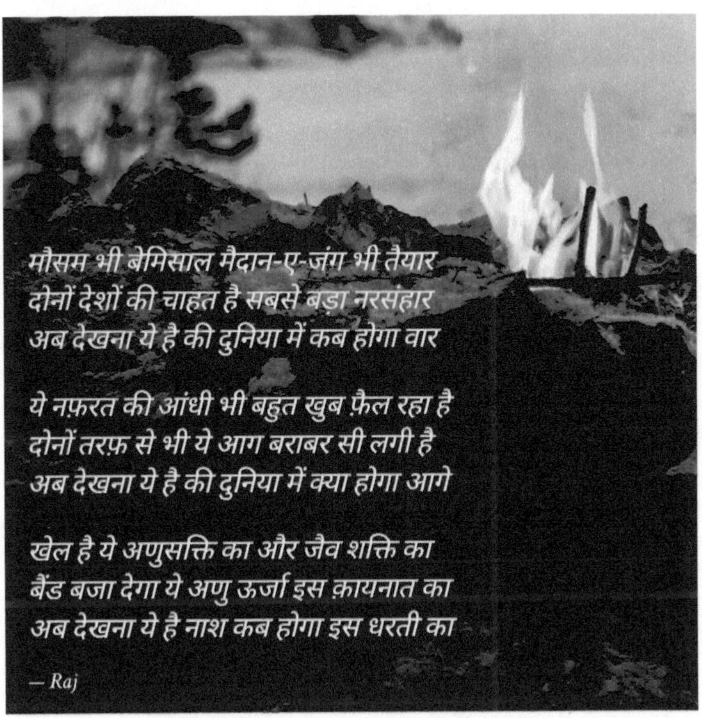

मौसम भी बेमिसाल मैदान-ए-जंग भी तैयार
दोनों देशों की चाहत है सबसे बड़ा नरसंहार
अब देखना ये है की दुनिया में कब होगा वार

ये नफ़रत की आंधी भी बहुत खुब फ़ैल रहा है
दोनों तरफ़ से भी ये आग बराबर सी लगी है
अब देखना ये है की दुनिया में क्या होगा आगे

खेल है ये अणुसक्ति का और जैव शक्ति का
बैंड बजा देगा ये अणु ऊर्जा इस क़ायनात का
अब देखना ये है नाश कब होगा इस धरती का

— Raj

52. मौसम है मस्ताना

मौसम है मस्ताना
खूबसूरत है नज़ारा
कुछ दिनों के लिए हम
क्यों ना रह जाए यहाँ

ये दिल भी है दिवाना
शरारत से है अंजाना
खुदरत का है खज़ाना
क्यों ना चढ़े ये परवाना

— Raj

53. मेहनत का फल

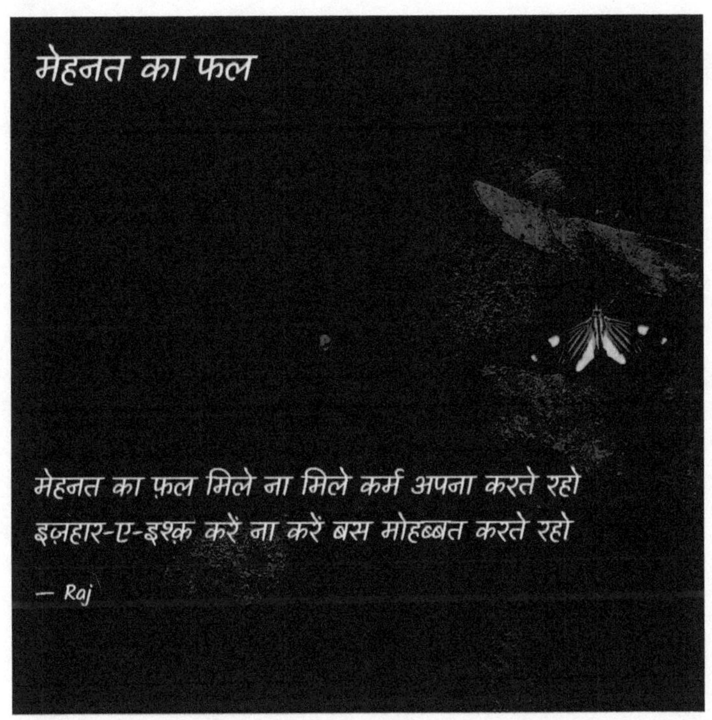

मेहनत का फल

मेहनत का फ़ल मिले ना मिले कर्म अपना करते रहो
इज़हार-ए-इश्क़ करें ना करें बस मोहब्बत करते रहो

— Raj

54. मेरा और तुम्हारा

मेरा और तुम्हारा रिश्ता
जैसे मिट्टी और पानी का
मिल जाए अगर हम तुम
तो बन जाए बहार यहाँ

मेरा और तुम्हारा रिश्ता
जैसे सुर और सरगम का
मिल जाए अगर दो दिल
तो बन जाए संगीत यहाँ

— Raj

55. मेरा दिल कोई...

मेरा दिल कोई पौधा नहीं

मेरा दिल कोई पौधा नहीं
जिसके कई शाखाए हो
मेरा दिल कोई खिलौना नहीं
जिसमें कोई खिलवाड़ हो

तस्वीर दिल में छाप जाए तो
मिटता नहीं कहीं मिटाने से
करता रहा मोहब्बत किसी को
यूँ ही करता रहूंगा उम्र भर मैं

— Raj

56. मेरी तन्हाई की वजह

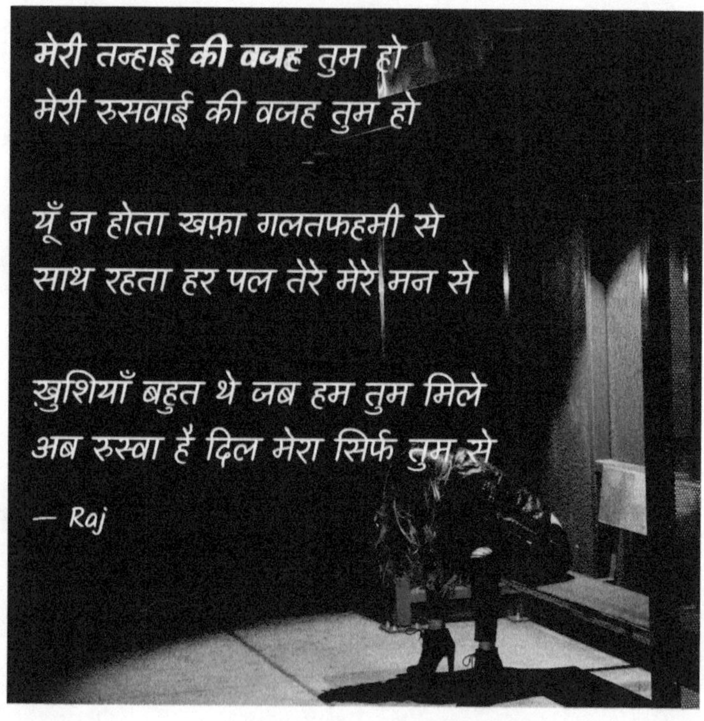

57. मीठे झरने सा प्रेम

58. मिल जाए अगर...

मिल जाए अगर मोहब्बत तो गले से लगा लेना
ज़िन्दगी का क्या भरोसा कल रहे न रहे जी लेना

मौसम-ए-इश्क़ नहीं होता कहीं इस क़ायनात में
हर मौसम में इश्क़ होता है ग़र मिला तो कर लेना

— Raj

59. मिलोगी मुझसे तो

मिलोगी मुझसे तो जुदा न हो पाओगी तुम
रहोगी साथ मेरा बदन से चिपक कर तुम

मोहब्बत का चस्का जब चख लोगी तुम
चाहकर भी दूर मुझसे नहीं जाओगी तुम

— Raj

60. ग़र लिख दूँ जो नाम

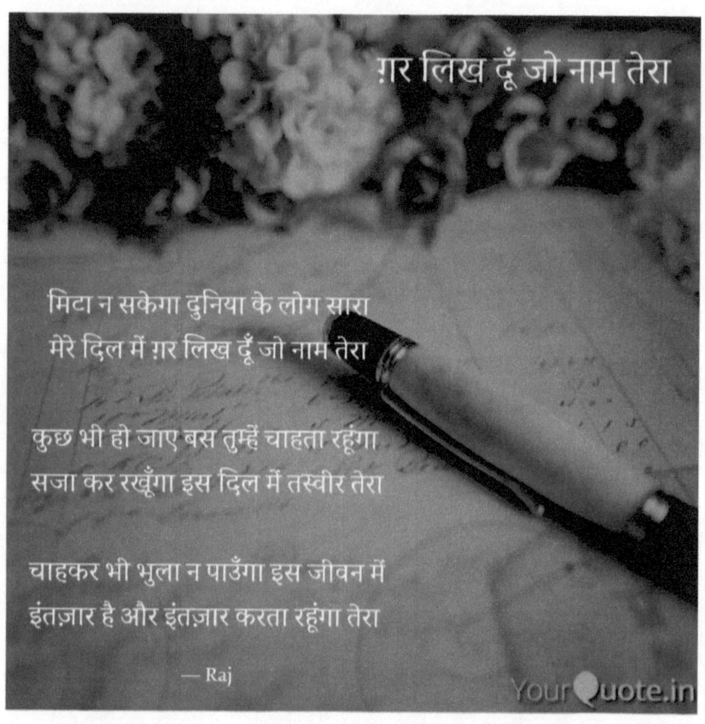

ग़र लिख दूँ जो नाम तेरा

मिटा न सकेगा दुनिया के लोग सारा
मेरे दिल में ग़र लिख दूँ जो नाम तेरा

कुछ भी हो जाए बस तुम्हें चाहता रहूंगा
सजा कर रखूँगा इस दिल में तस्वीर तेरा

चाहकर भी भुला न पाउँगा इस जीवन में
इंतज़ार है और इंतज़ार करता रहूंगा तेरा

— Raj

61. सच्चा जीवन दर्शन

62. मोगरे सा इश्क़

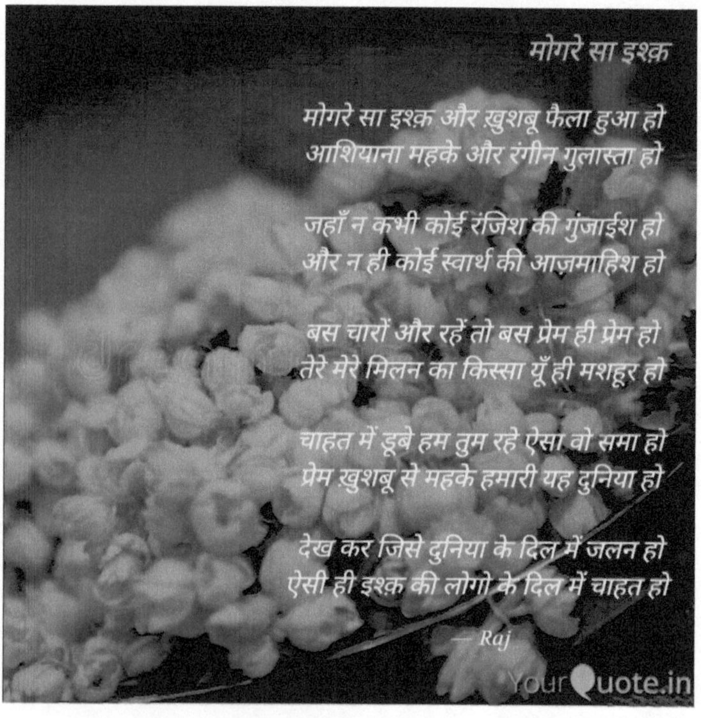

मोगरे सा इश्क़

मोगरे सा इश्क़ और खुशबू फैला हुआ हो
आशियाना महके और रंगीन गुलास्ता हो

जहाँ न कभी कोई रंजिश की गुंजाईश हो
और न ही कोई स्वार्थ की आज़माहिश हो

बस चारों और रहें तो बस प्रेम ही प्रेम हो
तेरे मेरे मिलन का किस्सा यूँ ही मशहूर हो

चाहत में डूबे हम तुम रहे ऐसा वो समा हो
प्रेम ख़ुशबू से महके हमारी यह दुनिया हो

देख कर जिसे दुनिया के दिल में जलन हो
ऐसी ही इश्क़ की लोगो के दिल में चाहत हो

— Raj

YourQuote.in

63. गुंजन

गुंजन

मोहब्बत की गुंजन कानों में गूंज रहा है
शहनाई इश्क़ की इस दिल में बज रहा है

अगर चाहो तो मेरे बाहों में ले लूँ मैं तुझें
उल्फ़त में यूँ ही सैर-ए-जन्नत करा दूँ तुझें

— Raj

64. वो रहते हैं हर पल

65. मुझे ग़लत समझने वाले

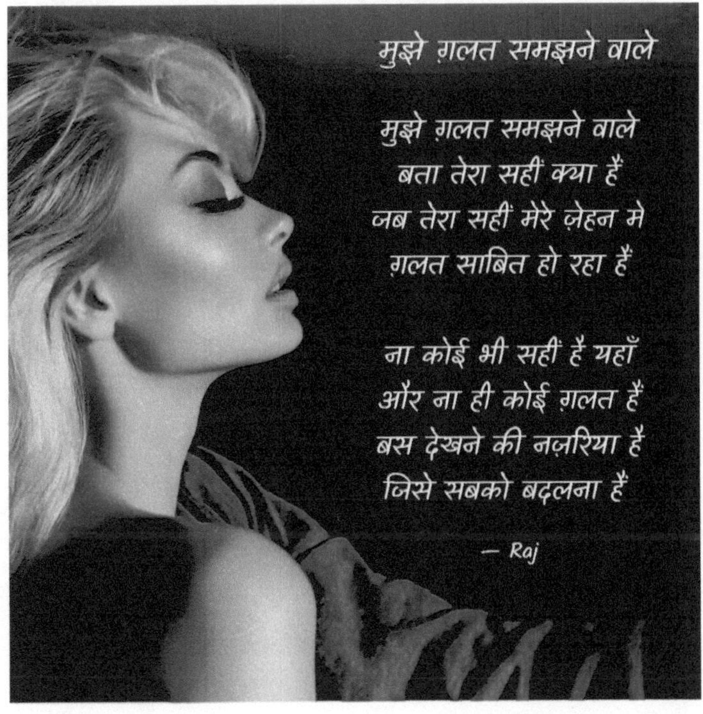

66. तेरी मेरी मोहब्बत

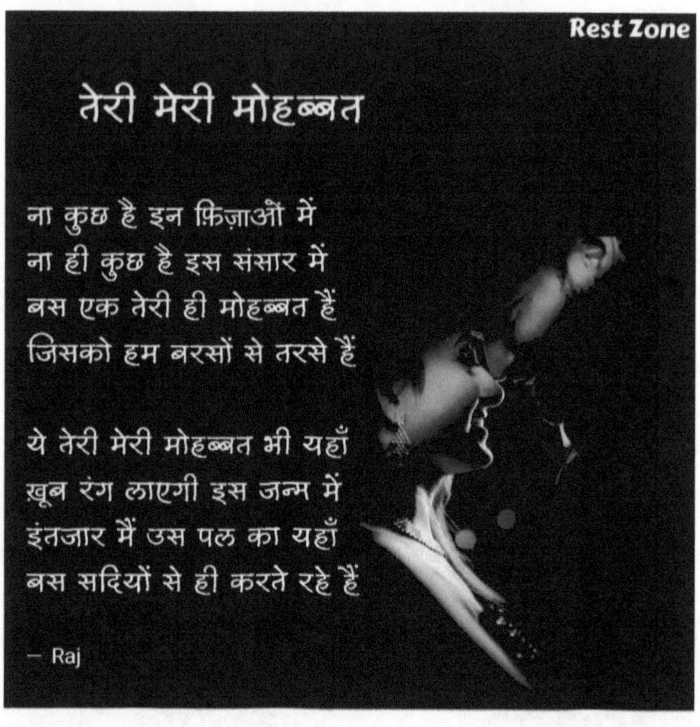

67. पछताने से क्या होगा

पछताने से क्या होगा
यूँ ही रोने से क्या होगा
बीती बातों की भूलकर
हँसते आगे बढ़ना होगा

जो ही गया है सौ ही गया
भूल जाओ तुम जो हो गया
तीर कमान से जो निकला
वो वापस कभी नहीं आता

— Raj

68. फैलाकर हाथों को

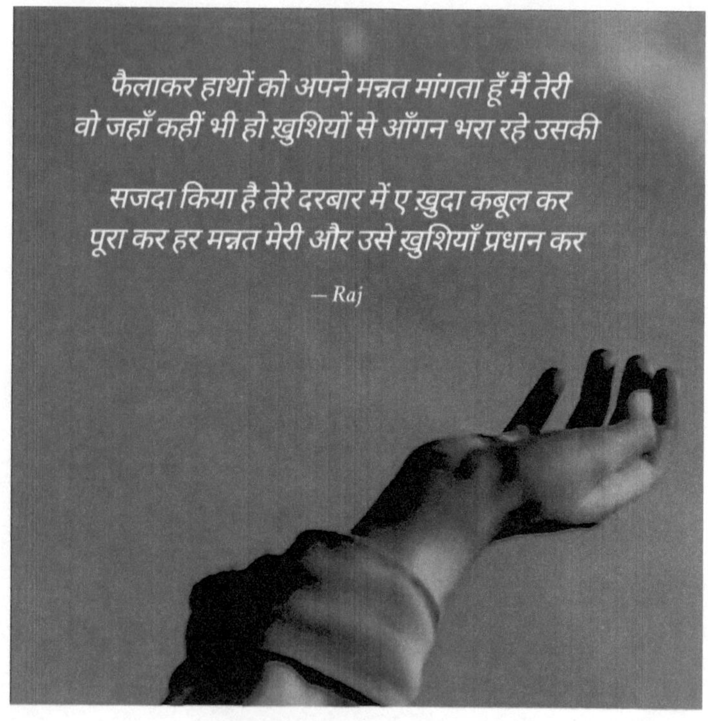

फैलाकर हाथों को अपने मन्नत मांगता हूँ मैं तेरी
वो जहाँ कहीं भी हो ख़ुशियों से आँगन भरा रहे उसकी

सजदा किया है तेरे दरबार में ए ख़ुदा कबूल कर
पूरा कर हर मन्नत मेरी और उसे ख़ुशियाँ प्रधान कर

— Raj

69. पहली मुलाक़ात

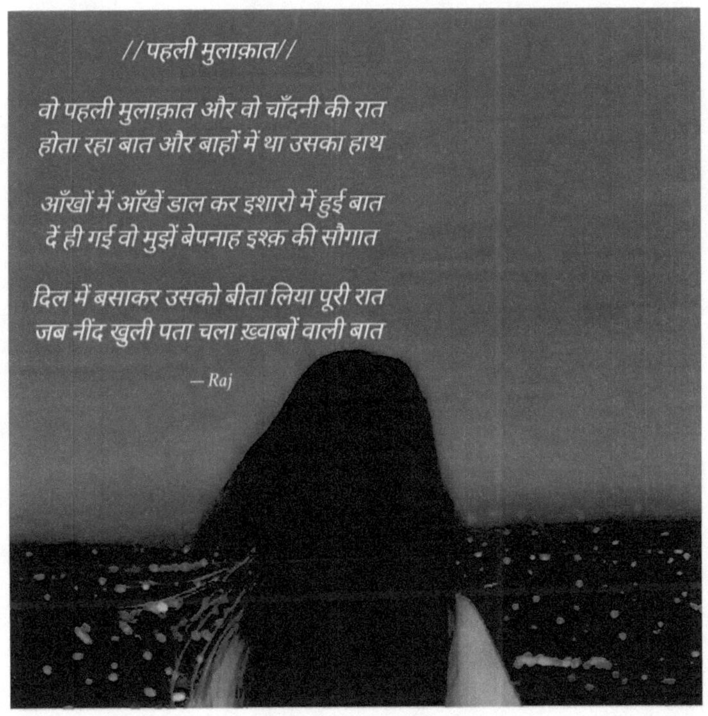

//पहली मुलाक़ात//

वो पहली मुलाक़ात और वो चाँदनी की रात
होता रहा बात और बाहों में था उसका हाथ

आँखों में आँखें डाल कर इशारो में हुई बात
दें ही गई वो मुझें बेपनाह इश्क़ की सौगात

दिल में बसाकर उसको बीता लिया पूरी रात
जब नींद खुली पता चला ख़्वाबों वाली बात

— Raj

70. प्याला ख़ुशियों का

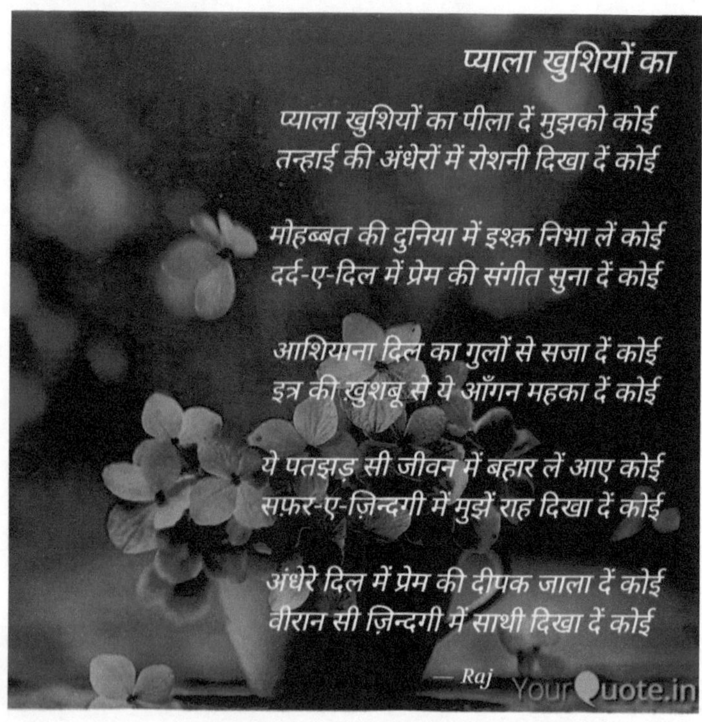

प्याला ख़ुशियों का

प्याला खुशियों का पीला दें मुझको कोई
तन्हाई की अंधेरों में रोशनी दिखा दें कोई

मोहब्बत की दुनिया में इश्क़ निभा लें कोई
दर्द-ए-दिल में प्रेम की संगीत सुना दें कोई

आशियाना दिल का गुलों से सजा दें कोई
इत्र की ख़ुशबू से ये आँगन महका दें कोई

ये पतझड़ सी जीवन में बहार लें आए कोई
सफ़र-ए-ज़िन्दगी में मुझें राह दिखा दें कोई

अंधेरे दिल में प्रेम की दीपक जाला दें कोई
वीरान सी ज़िन्दगी में साथी दिखा दें कोई

— Raj

71. शांति

विषयः शांति

शांति की बात करें है, पर पाल कहाँ रहें है
चाहता है लोग यहाँ पर अशांत बहुत बड़े हैं

जंग भी अब छिड चुके हैं हालत भी बुरे हैं
बमबारी हो रहा है और लाशें भी गिर रहें हैं

शांति की गुण गाने वाले खुद यहाँ लड़ रहे हैं
उकसा कर ये दोनों देशों को मजा ले रहे हैं

रोते, चीखते, भाग रहे लोग भी यहाँ दिखे हैं
अपनी जान बचाने को घर-बार छोड़ते दिखे हैं

इंसान की हालत बहुत ही बुरा हो चले हैं
शांति अगर मिल जाए तो जन्नत भी वही हैं।

©श्रीराज मेनन (राज)

72. खेल ज़िंदगी का

//खेल जिंदगी का//

चाहे हार हो या जीत हो बस जीना यहाँ
खेल है ये ज़िन्दगी का बस खेलते रहो

अंजान मुसाफिर हूँ यहाँ इस राहों का
ऊँची डगर हो या काँटे बस चलते रहो

कोई मंज़िल दिखे न दिखे तुम्हें कहीं
हर मुश्किल को बस सिर्फ झेलते रहो

इस कायनात का भी रीत कुछ ऐसा
राह दिखे न दिखे बस क़दम बढ़ाते रहो

©Raj Menon

73. बेपनाह इश्क़

शीर्षक : बेपनाह इश्क़

किसी और की बाहों में
यूँ तन्हा कर गए हो मुझें
कैसे हक़ जताया जाए
तुम अपनों से गैर हो गए

बेपनाह इश्क़ था तुमसे
दिल भी मेरा रोता रहे
दर्द-ए-दिल अब मुझसे
बिलकुल सहा न जाए

खुश रहना तुम जिधर हो
यही अब दुआ रहा मेरे
दुःख की चहरे को तुझें
देखना भी नसीब न रहे
—श्रीराज मेनन (राज)

74. जीवन की सौगात

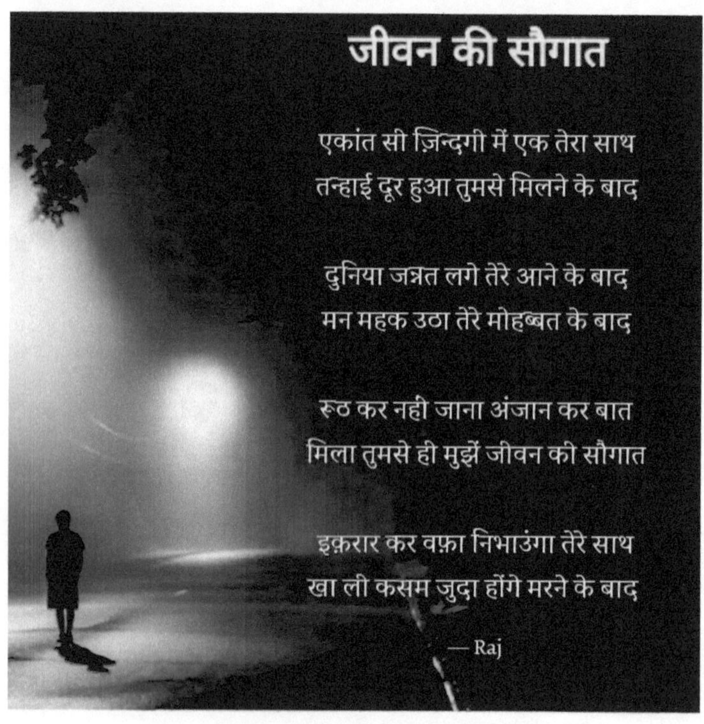

जीवन की सौगात

एकांत सी ज़िन्दगी में एक तेरा साथ
तन्हाई दूर हुआ तुमसे मिलने के बाद

दुनिया जन्नत लगे तेरे आने के बाद
मन महक उठा तेरे मोहब्बत के बाद

रूठ कर नही जाना अंजान कर बात
मिला तुमसे ही मुझें जीवन की सौगात

इक़रार कर वफ़ा निभाउंगा तेरे साथ
खा ली कसम जुदा होंगे मरने के बाद

— Raj

75. मोहब्बत

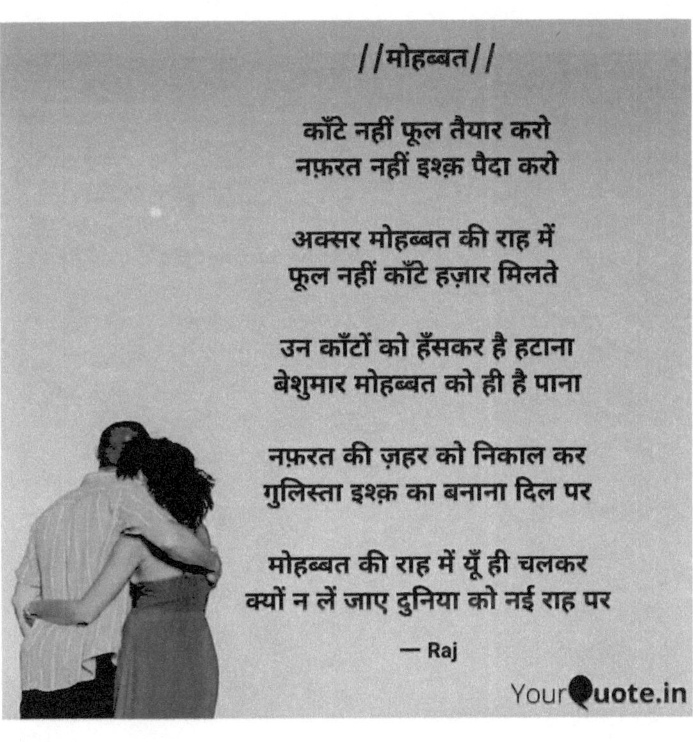

//मोहब्बत//

काँटे नहीं फूल तैयार करो
नफ़रत नहीं इश्क़ पैदा करो

अक्सर मोहब्बत की राह में
फूल नहीं काँटे हज़ार मिलते

उन काँटों को हँसकर है हटाना
बेशुमार मोहब्बत को ही है पाना

नफ़रत की ज़हर को निकाल कर
गुलिस्ता इश्क़ का बनाना दिल पर

मोहब्बत की राह में यूँ ही चलकर
क्यों न लें जाए दुनिया को नई राह पर

— Raj

Your Quote.in

76. कौन नहीं जलता है

कौन नहीं जलता है

कौन नहीं जलता है
ज़रा बता दें मुझको
यहाँ सब लोग जलता है
कैसे समझाऊँ तुमको

किसी की ख़ुशी देखकर
किसी का मन जलता है
किसी की उन्नति देखकर
किसी की रूह जलता है

किसी की ख़ूबसूरती पर
कोई बदसूरत जलता है
किसी की प्रसिद्धि पर
कोई कुप्रसिद्ध जलता है

सिलसिला ये जलने का
बस चलता ही रहता है
जन्म से लेकर अंत तक
किसी का सिर्फ जाला है

किसी की तकदीर पर
कोई बदनसीब जाला है
किसी का घर देखकर
यहाँ कई बेघर जाला है

जो कहता मैं न जाला है
वो भी यहाँ पर जाला है
कभी न कभी हर इन्सान
कोई तो बात पर जाला है

—Raj

77. दो रास्ते

दो रास्ते

रास्ते ये ज़िन्दगी के बहुत ही मुश्किलों से भरा होता है
जब मिलते है दो रास्ते यहाँ मुश्किल और बढ़ जाता है

चैन अगर करलो सही रास्ते का सफ़र सुहाना होता है
गलती से भी गलत रास्ता चुना सफ़र नरक़ सा होता है

— Raj

Your Quote.in

78. रात के हमसफ़र

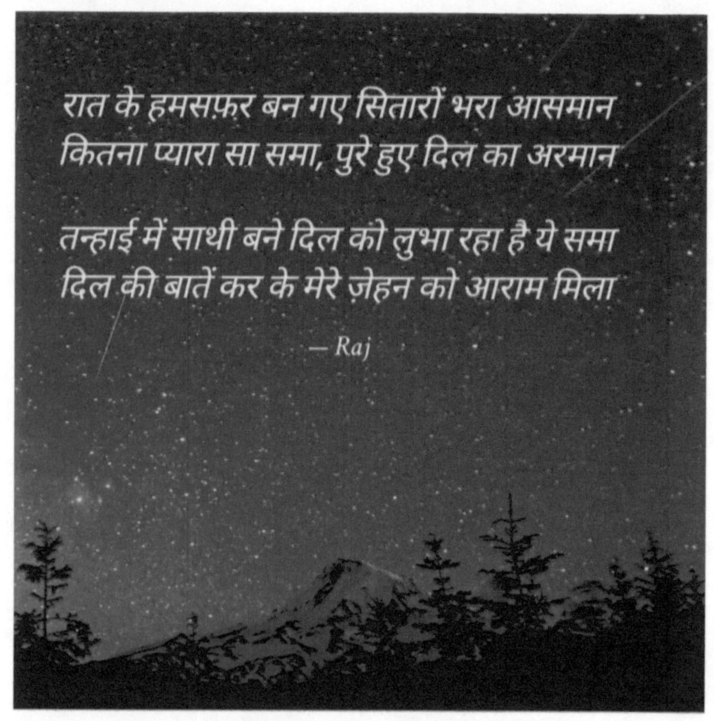

रात के हमसफ़र बन गए सितारों भरा आसमान
कितना प्यारा सा समा, पुरे हुए दिल का अरमान

तन्हाई में साथी बने दिल को लुभा रहा है ये समा
दिल की बातें कर के मेरे ज़ेहन को आराम मिला

— Raj

79. रूठने मनाने के खेल में

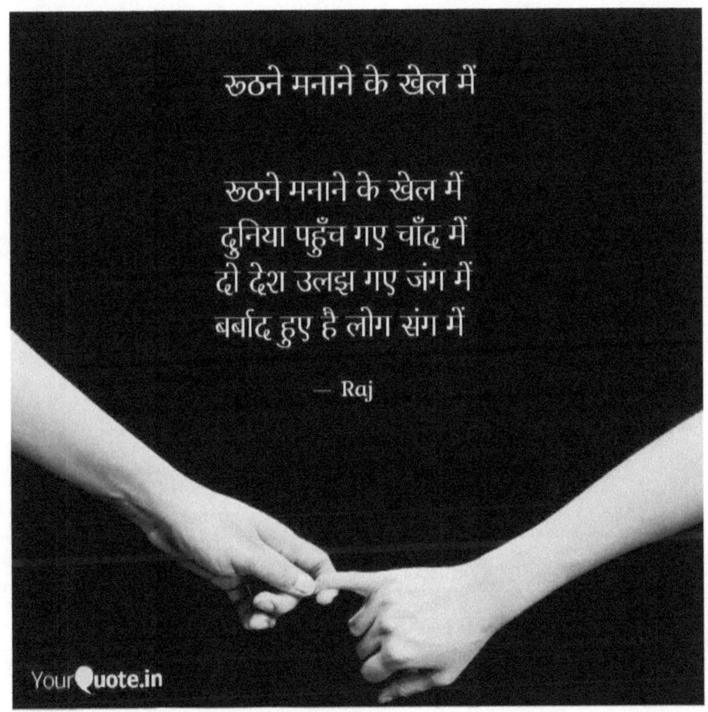

80. इश्क़ थोडा हद से ज्यादा

इश्क थोड़ा हद से ज्यादा है
साथ रहे तो आसान हो सफ़र
काँटे हज़ार हो राह मे अगर

मिल जाए राह में दो राह जिधर
मोहब्बत में पार करेंगे हर डगर

यूँ दिवाना हूँ मैं तेरे प्यार का
तुम ही है संगिनी मेरे जीवन का

तेरे साथ ही मज़ा है मेरे जीने का
तुम नहीं तो होता है हाल मरने का

मेरा इश्क थोड़ा हद से ज्यादा है
मैंने मोहब्बत में जो किया वादा है

— Raj

81. सच बोलने वाले

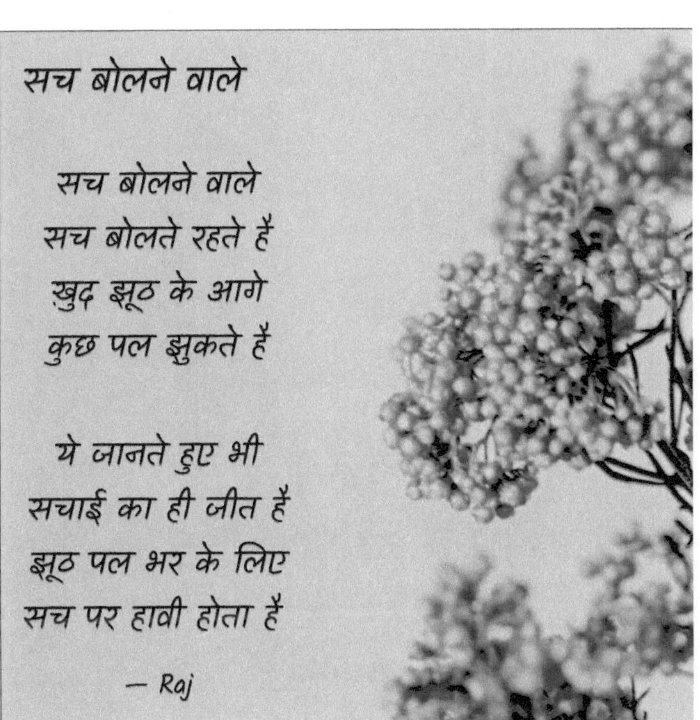

सच बोलने वाले

सच बोलने वाले
सच बोलते रहते है
खुद झूठ के आगे
कुछ पल झुकते है

ये जानते हुए भी
सचाई का ही जीत है
झूठ पल भर के लिए
सच पर हावी होता है

— Raj

82. शब-ए-साया

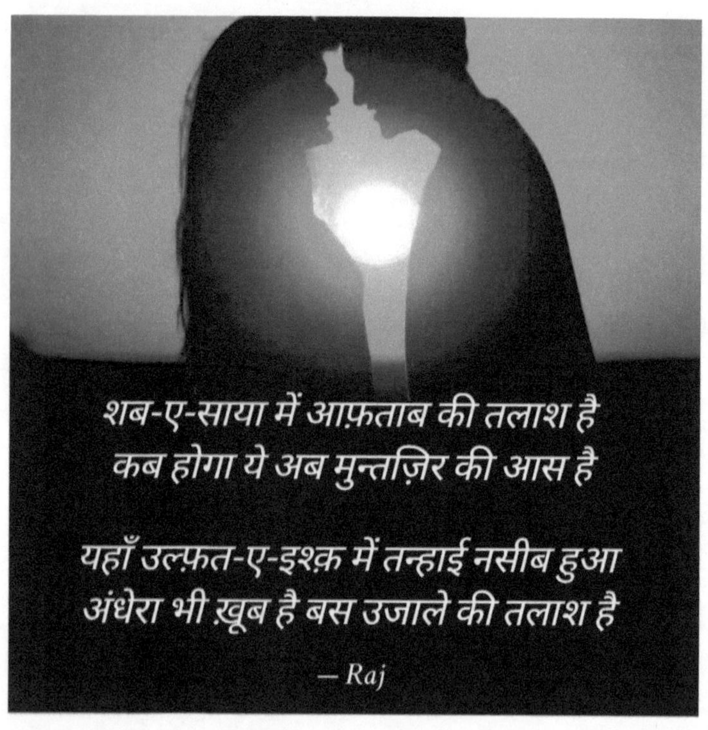

शब-ए-साया में आफ़ताब की तलाश है
कब होगा ये अब मुन्तज़िर की आस है

यहाँ उल्फ़त-ए-इश्क़ में तन्हाई नसीब हुआ
अंधेरा भी ख़ूब है बस उजाले की तलाश है

— Raj

83. सर्द रात की सुबह

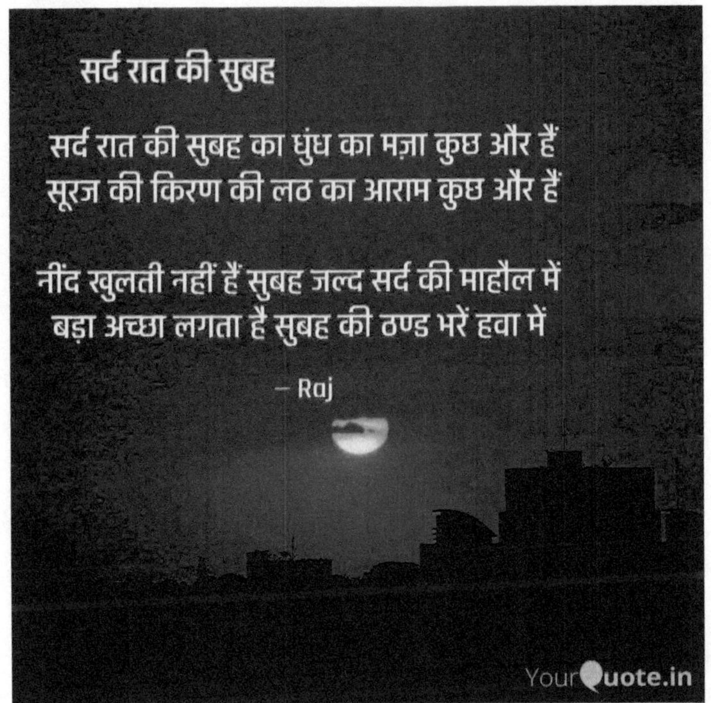

84. अंतर्मन

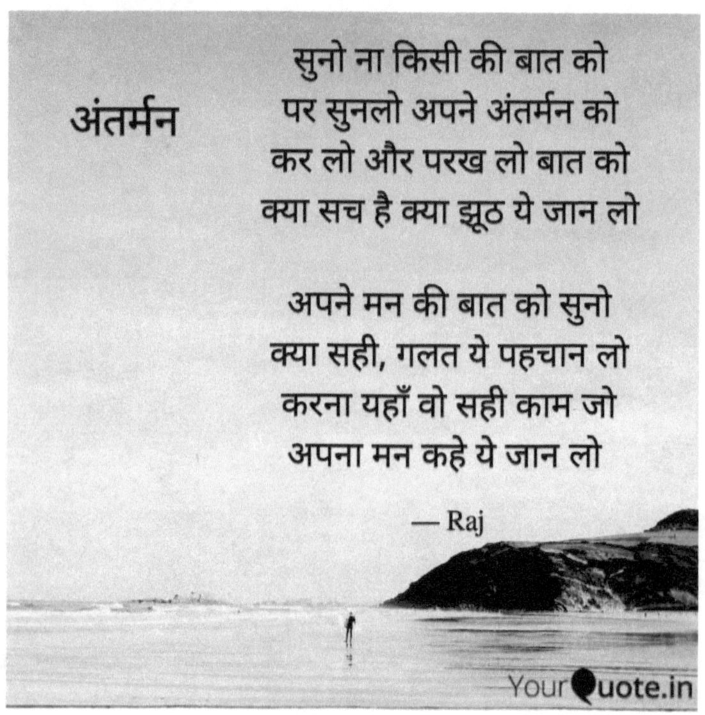

अंतर्मन
सुनो ना किसी की बात को
पर सुनलो अपने अंतर्मन को
कर लो और परख लो बात को
क्या सच है क्या झूठ ये जान लो

अपने मन की बात को सुनो
क्या सही, गलत ये पहचान लो
करना यहाँ वो सही काम जो
अपना मन कहे ये जान लो

— Raj
Your Quote.in

85. वो आँखें...

वो आँखें..
तिरी तीर-ए-नज़र ने इस दिल पर वार किया
तिरी वो आँखें इस दिल को घायल कर दिया

मिरी इस ज़हन को इश्क़ में मदहोश कर गया
तिरी उल्फ़त-ए-इश्क़ ने मुझें दिवाना कर दिया

— Raj
अभिव्यक्ति

86. सलीका आया ही नहीं

सलीका आया ही नही उम्र भर मुझको

तरसता रहा यहाँ इंतज़ार में जिस की
उम्मीद था साथ पाने की हमें उसकी

यूँ ही करता रह गया मोहब्बत उम्र भर
मगर दिखा नहीं इश्क़ उसकी कहीं पर

सलीका आया ही नहीं उम्र भर मुझको
जीता गया यूँ ही, दिखाना था किसको

चाहत में गुज़र गया दिन-ओ-रात मेरा
पता न था कब हुई रात और कब सवेरा

दिन रात गुज़रा, जवान से बूढा हो गया
न रहा कोई ख़्वाहिश बस रहा मैं अकेला

— Raj

87. तू भी पहले जैसा

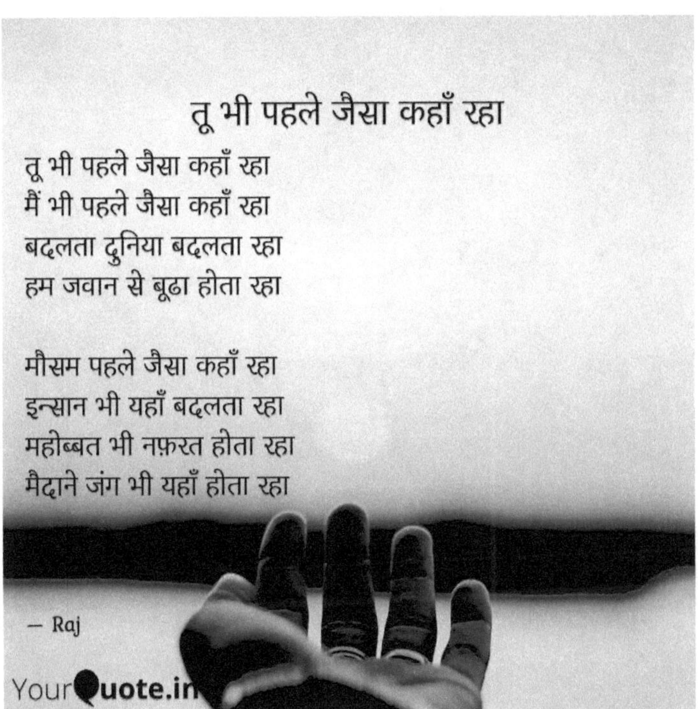

तू भी पहले जैसा कहाँ रहा

तू भी पहले जैसा कहाँ रहा
मैं भी पहले जैसा कहाँ रहा
बदलता दुनिया बदलता रहा
हम जवान से बूढा होता रहा

मौसम पहले जैसा कहाँ रहा
इन्सान भी यहाँ बदलता रहा
महोब्बत भी नफ़रत होता रहा
मैदाने जंग भी यहाँ होता रहा

— Raj

YourQuote.in

88. तू वो चाँद का टुकड़ा

तू वो चाँद का टुकड़ा है

तू वो चाँद का टुकड़ा है
तेरी खूबसूरत मुकड़ा है
मोहब्बत का अखाडा है
देखकर मेरा नींद उड़ा है

तुम्हे पाने कबसे खड़ा है
कुस्ती मैंने बहुत लड़ा है
रीत-ओ-रिवाज तोड़ा है
दिल को दिल से जोड़ा है

— Raj

89. दिल से खेलना

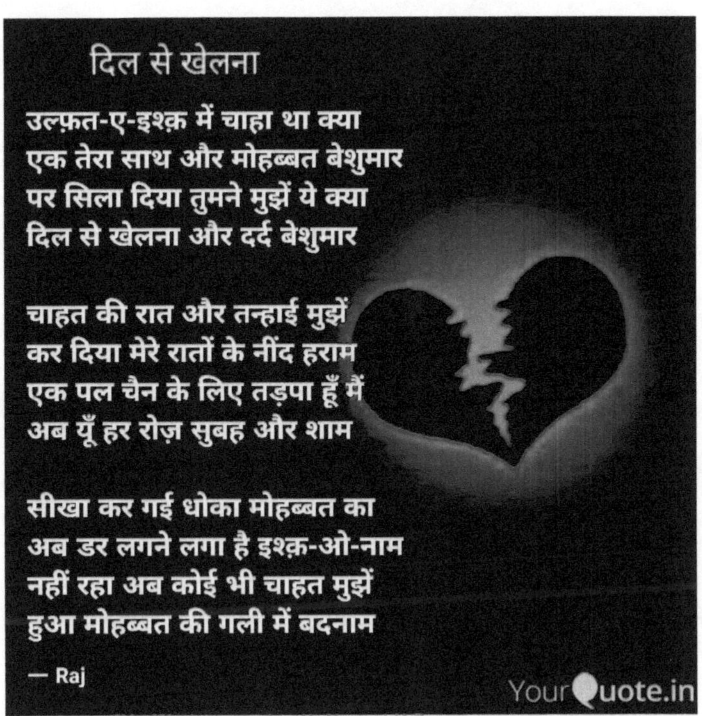

दिल से खेलना

उल्फ़त-ए-इश्क़ में चाहा था क्या
एक तेरा साथ और मोहब्बत बेशुमार
पर सिला दिया तुमने मुझें ये क्या
दिल से खेलना और दर्द बेशुमार

चाहत की रात और तन्हाई मुझें
कर दिया मेरे रातों के नींद हराम
एक पल चैन के लिए तड़पा हूँ मैं
अब यूँ हर रोज़ सुबह और शाम

सीखा कर गई धोका मोहब्बत का
अब डर लगने लगा है इश्क़-ओ-नाम
नहीं रहा अब कोई भी चाहत मुझें
हुआ मोहब्बत की गली में बदनाम

— Raj

Your Quote.in

90. इनायत - उपकार

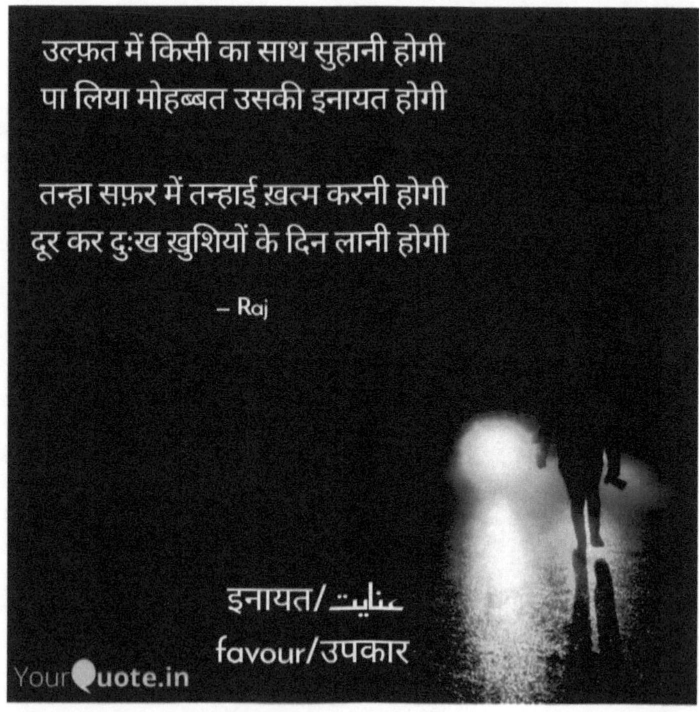

उल्फ़त में किसी का साथ सुहानी होगी
पा लिया मोहब्बत उसकी इनायत होगी

तन्हा सफ़र में तन्हाई ख़त्म करनी होगी
दूर कर दुःख ख़ुशियों के दिन लानी होगी

– Raj

इनायत/
favour/उपकार

91. उन सितारों से पूछो

उन सितारों से पूछो दिले में मेरे क्या है
उस चाँदीनी से पूछो इश्क तुमसे कितने है
गवाह है ये हमारे इश्क-ए-मोहब्बत का
उल्फत में ये दिवाना तुम पर कितने मरते है

— Raj

92. यादें

//यादें//

ये यादें तेरी बहुत रुलाता है
आता है तो शामत लता है
ये नींद भी मेरा उड़ जाता है
मेरा भूख भी यूँ मर जाता है

दर्द-ए-दिल भी हो जाता है
यूँ मुझको बहुत तड़पता है
आँसू भी बहने लग जाता है
ये दर्द सहन भी नहीं होता है

होश-ओ-आवास खो जाता है
यूँ नशा-ए-ग़म में रह जाता है
ख़ुशियों का पल भूल जाता है
यूँ ही अर्ध मरा सा रह जाता है

— Raj

93. वो गुज़रे पल

वो गुज़रे पल

याद कर वो गुज़रे पल
तड़प रहा हूँ मैं हर पल
काश मिल जाता वो पल
खुश हो जाता मैं हर पल

छूट गया अब साथ तेरा
तन्हाई में क्या काम मेरा
चाहत भी बेहिसाब तेरा
मिलन को तड़पे दिल मेरा

सह न पाऊ जुदाई तेरी
आ जाओ तुम पास मेरी
जी नहीं पाउँगा बिन तेरी
साथ पाऊ ये चाहत मेरी

— Raj

94. बात बराबरी की

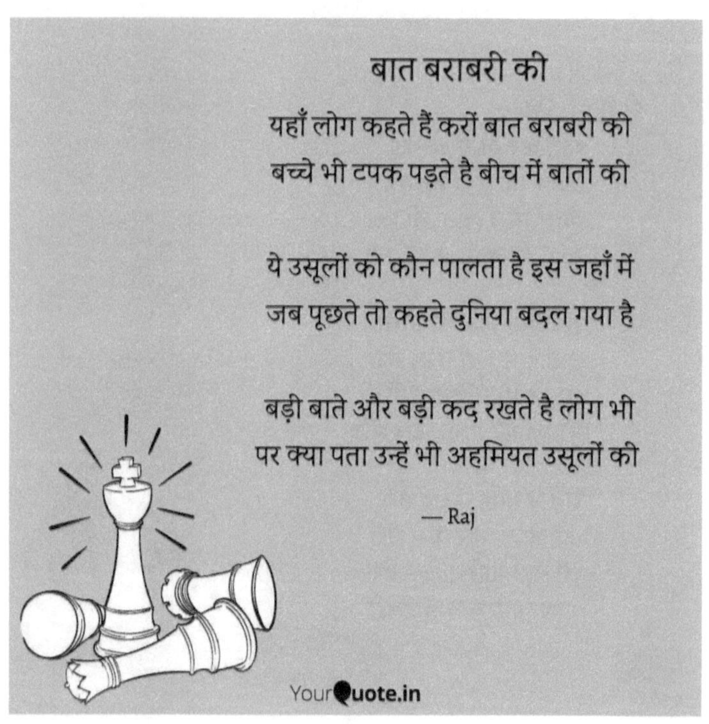

बात बराबरी की

यहाँ लोग कहते हैं करों बात बराबरी की
बच्चे भी टपक पड़ते है बीच में बातों की

ये उसूलों को कौन पालता है इस जहाँ में
जब पूछते तो कहते दुनिया बदल गया है

बड़ी बाते और बड़ी कद रखते है लोग भी
पर क्या पता उन्हें भी अहमियत उसूलों की

— Raj

YourQuote.in

95. एक ख़्वाहिश है

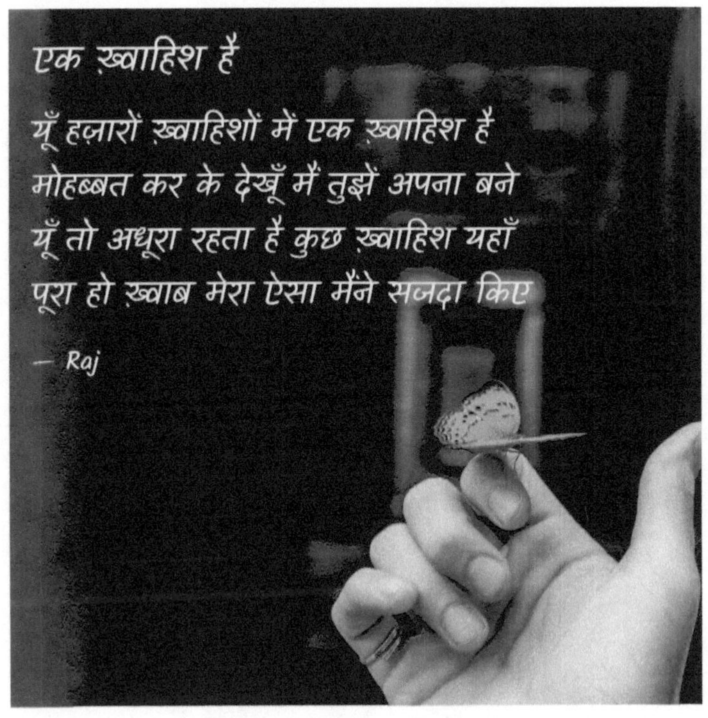

एक ख़्वाहिश है

यूँ हज़ारों ख़्वाहिशों में एक ख़्वाहिश है
मोहब्बत कर के देखूँ मैं तुझें अपना बने
यूँ तो अधूरा रहता है कुछ ख़्वाहिश यहाँ
पूरा हो ख़्वाब मेरा ऐसा मैंने सजदा किए

— Raj

96. उसने कहा था

"उसने कहा था"

ज़िन्दगी गुज़ार दी है इंतज़ार करते हुए
कब आएगा सनम ये सवाल सता रहा है

उसने कहा था की आजाऊंगा वापस मैं
सदियों गुज़र गए है अब उसके इंतज़ार में

दिन बीता, रात बीती, बीता सालों साल
राह देखते अब हो गया है मेरा हाल बेहाल

— Raj

अभिव्यक्ति

97. तेरे बिना

तेरे बिना

तुम्हारी श्री

ज़िन्दगी जीना यहाँ दुश्वर हो गया
तेरे बिना गुज़ारा मुश्किल हो गया

ख्वाबों में अक्सर तेरी याद सताया
यादों में ही अपना मैंने होश गवाया

न रहा दिन में चैन और रातों में नींद
बस रहा तुम्हे फिर पाने की उम्मीद

जाने क्यों खेल रहा मुझसे तकदीर
देकर जुदाई बना दिया मुझे फक़ीर

– Raj

98. ज़िन्दगी का सिलसिला

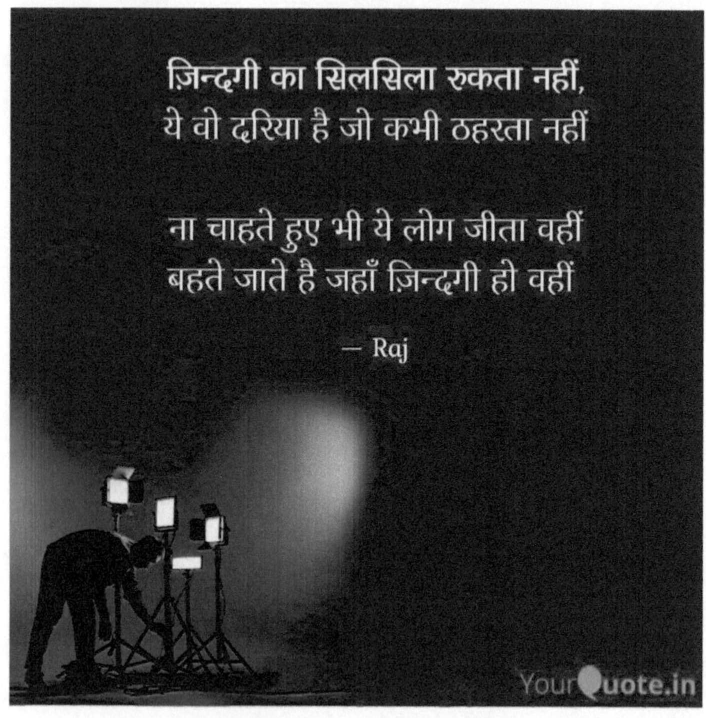

99. ज़िन्दगी वो रास्ता

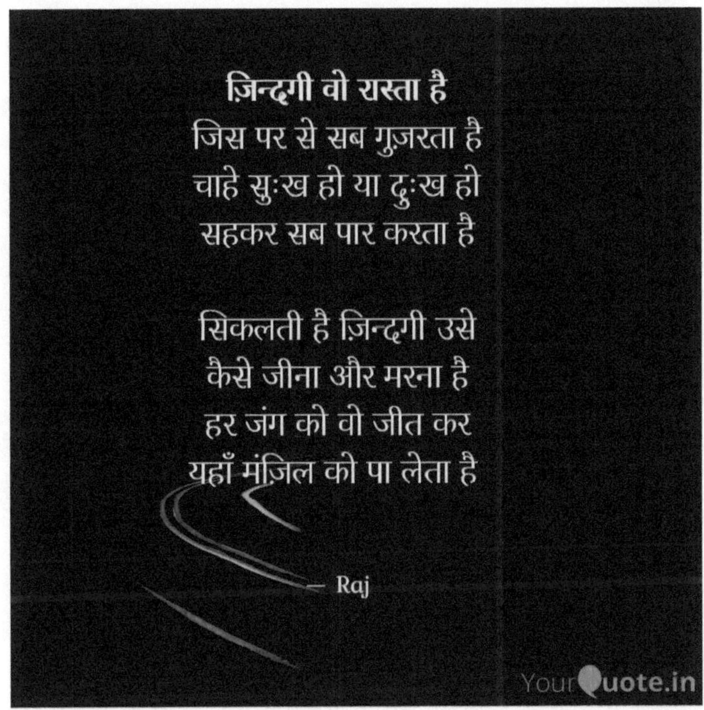

ज़िन्दगी वो रास्ता है
जिस पर से सब गुज़रता है
चाहे सुःख हो या दुःख हो
सहकर सब पार करता है

सिकलती है ज़िन्दगी उसे
कैसे जीना और मरना है
हर जंग को वो जीत कर
यहाँ मंज़िल को पा लेता है

— Raj

YourQuote.in

100. वो गुफ़्तगू का दौर

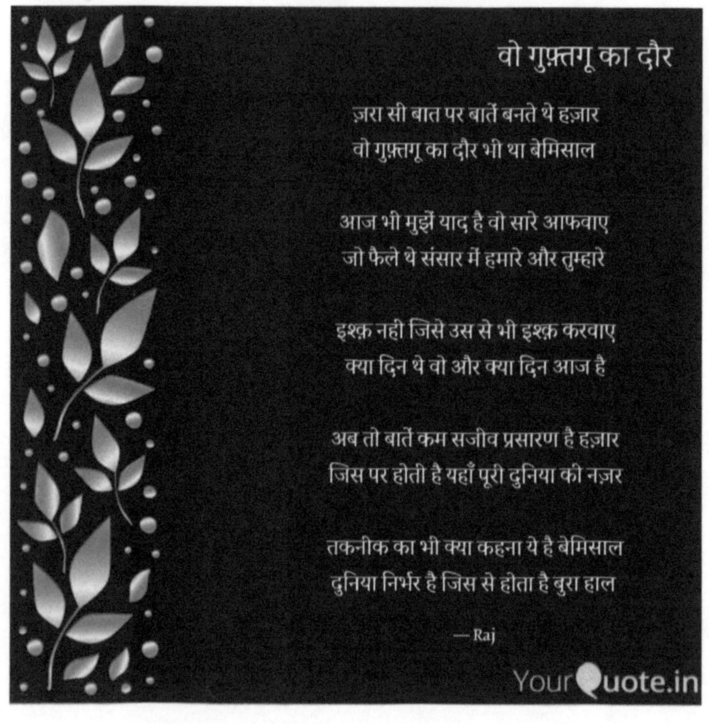

अस्वीकरण

सभी रचनाएँ कल्पना पर आधारित हैं। इसका लेखक के जीवन या ब्रह्मांड में किसी से कोई लेना-देना नहीं है। सभी लेख काल्पनिक हैं और किसी जीवित या मृत व्यक्ति से कोई समानता नहीं है। यदि कोई समानता है तो यह मात्र संयोग है।

लेखक की जीवनी

श्री के.सी. श्रीराज मेनन, जिनका जन्म केरल के एक संपन्न परिवार में 09 सितंबर 1973 को श्री कोझीपुरथ संकुन्नी मेनन और श्रीमती किज़हारा चालापुरथ सेथुलक्ष्मी मेनन के घर हुआ और महाराष्ट्र में अधिवासित हैं। वह बचपन से ही तेज-तर्रार शायरी करते थे, कहते और भूल जाते थे। एक बार उनके एक करीबी दोस्त ने इस पर गौर किया और उन्हें जो भी कविताएँ या उद्धरण कहते थे, उन्हें लिखने के लिए मजबूर किया और तब से उन्होंने लिखना शुरू कर दिया। उन्होंने अपनी कविताओं और उद्धरणों को अपने और अपने करीबी दोस्तों के पास तब तक सीमित रखा जब तक उन्हें अपने कामों को ऑनलाइन लिखने के लिए एक मंच नहीं मिला। वह Your Quote साइट पर एक सक्रिय लेखक हैं और उन्हें प्रतियोगिता के लिए कई प्रशंसापत्र और प्रमाणपत्र प्राप्त हुए हैं। वह एक बहुभाषी लेखक हैं और उनका लेखन विस्मयकारी है। चाहे वह अंग्रेजी, हिंदी, उर्दू, मलयालम और मराठी हो, वह सभी भाषाओं में उत्कृष्ट है। वह कई दिलचस्प लेखकों के लिए एक बड़ी प्रेरणा भी हैं। वह मुंबई विश्वविद्यालय से स्नातक हैं। वह एक एकाउंटेंट हैं और एक स्व-शिक्षित कंप्यूटर इंजीनियर भी हैं। उनके कौशल शीर्ष पायदान पर हैं और उनके पास कई प्रमाणपत्र हैं। अभिनय, लेखन, पेंटिंग और नृत्य और संगीत सुनना आदि... आदि उनके जुनून हैं।
Mail Id:- shreeraj_m@yahoo.co.uk